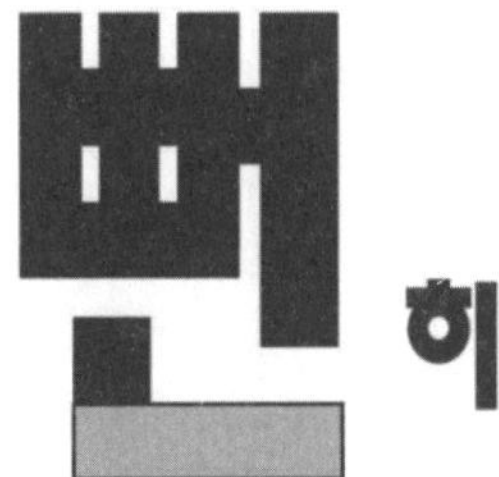

뻔히 다 보이는 수능영어기출

김준

TOOBLO

뻔히 다보이는 수능영어기출

2020학년도

Consistency

꾸준함

펴 낸 날 2022년 4월 18일
지 은 이 김준
펴 낸 이 김준
펴 낸 곳 투블로(TOOBLO)
편 집 신서빈 오지윤 김지호
주 소 서울시 강남구 강남대로 584 6층 350호
대표전화 02-533-6867
온 라 인 https://blog.naver.com/joon2257
Email joon3689@gmail.com
등록번호 제2022-000023호
ISBN 979-11-975422-2-0 (53740)

• TOOBLO는 '갑자기 넘어지다' 또는 '불안하게 움직이다'를 뜻하는 TUMBLE에서 U와 M과 E을 빼고 그 자리를 O로 바꿔 만든 브랜드로, 시행착오를 거치더라도 둥근 바퀴처럼 앞으로 끝까지 나아가는 가치의 중요성을 담았습니다. TOOBLO는 차별화된 교육 아이템 및 교재 개발을 통해 학습의 새로운 장을 열기 위한 과감한 도전을 하고 있습니다.

Introduction

수능영어를 풀면서 쩔쩔매는 원어민들의 영상을 많이 접하셨을 겁니다. 영어권에서 실제로 쓰는 어휘 구성과 거리가 먼 패턴들이 많고, 문제를 만들려다 보니 난해한 문장들로 어색하게 이은 부분이 적지 않기 때문입니다.

그러면, 수능영어에서 고득점의 비법은 무엇일까요? 간단합니다. 수능영어만의 특성과 수준에 빨리 적응하는 것입니다. 만약 5개년 이상의 수능 기출 문제의 어휘, 문장 패턴, 단골 주제, 정답 찾기 비법 등을 반복적으로 익혀 완전히 자기 것으로 만들고, 그렇게 축적한 지식과 노하우를 EBS와 모의고사 문제들에 적극적으로 적용해 맞춰 가면, 고득점을 향한 확신과 욕심이 분명히 생길 겁니다. 이 책은 그 과정을 돕기 위해 만들어졌습니다.

무엇보다도 이 책엔 우리말 해석이 따로 없습니다. 그 대신, 지문과 대본과 선택지의 모든 어휘·표현·문법들에 번호를 매겨 해당 번호의 핵심을 철저히 분석했습니다. 그리고, 핵심을 반복해서 익히면 자연스레 문제의 모든 요소가 속시원하게 이해되도록 했습니다. 정답 공략을 위한 상세한 비법은 온라인으로도 학습할 수 있습니다.

이 책을 통해 수험생들이 수능 기출 문제의 모든 것을 깊이 있게 파악하는 역량을 길러, 등급을 올릴 수 있다는 확신으로 모의고사와 함께 실제 수능에 당차게 도전할 수 있다면 더 이상 바랄 것이 없겠습니다. / 저자

Composition & Features

영어영역(홀수형) 핵심 어휘·표현·문법

45개 문항의 핵심 요소에 번호를 매긴 '번호식별 문제지'의 번호 순서에 따라, 상세한 어휘 분석 및 문법 설명 등으로 구성('수능 어휘 플러스 308' 연계 번호도 좌측에 함께 표시)

영어영역(홀수형) 핵심 번호식별 문제지

수학능력시험 영어영역의 듣기 대본, 독해 지문, 선택지들의 모든 주요 단어와 표현과 문법에 번호를 매긴 문제지
→ 온라인에서 번호식별 문제지의 번호들을 중심으로 상세히 설명된 독해 정답 공략법과 함께 더 심도 있는 학습 가능

영어영역(홀수형) 문제지

영어영역(홀수형) 정답표

수능 어휘 플러스 308

'핵심 어휘·표현·문법'에서 추가 예문의 모든 주요 어휘를 설명

수능 어휘 퀴즈 216

페이지를 앞뒤로 넘기는 퀴즈 방식으로 입체적인 어휘 연습

How to use this book

추천 학습법 1 → 모의고사 3등급 이하

> 핵심 요소들을 모두 파악한 뒤 문제풀이에 반복 도전

1. '핵심 어휘·표현·문법'을 반복 학습해 충분히 숙지
2. '핵심 번호식별 문제지'로 문제를 풀면서 모르는 부분들은 '핵심 어휘·표현·문법'을 활용해 반복 체크
3. '문제지'로 문제를 다시 풀면서, 부족한 부분은 계속 보완

추천 학습법 2 → 모의고사 2~3등급

> 번호식별 문제지를 먼저 풀면서 부족한 부분을 보완

1. '핵심 번호식별 문제지'로 문제를 풀면서 모르는 부분들은 '핵심 어휘·표현·문법'을 활용해 반복 체크
2. '핵심 어휘·표현·문법'을 반복 학습해 충분히 숙지
3. '문제지'로 문제를 다시 풀면서, 부족한 부분은 계속 보완

추천 학습법 3 → 모의고사 1~2등급

> 수능 문제지를 먼저 풀고 어려운 부분을 집중 체크

1. '문제지'로 문제를 풀면서 어려운 부분을 따로 체크
2. '핵심 번호식별 문제지'와 '핵심 어휘·표현·문법'을 활용, 문제지에 체크해 둔 어려운 부분을 집중 체크
3. '핵심 어휘·표현·문법' 전체를 반복해 완전히 소화

Contents

2020학년도 대학수학능력시험

영어영역(홀수형) 핵심 어휘·표현·문법

<table>
<tr><th colspan="2">No.</th><th colspan="2">Contents</th></tr>
<tr><td rowspan="4">1</td><td>1</td><td colspan="2">▶ 'have[get] + A + 과거분사'로 'A가 ~되도록(~되게) 하다'를 나타내는 패턴의 예
I'll have[get] your dress cleaned by noon. 나는 너의 드레스가 정오 전까지 세탁되도록 할 거야.
They ended up having[getting] the dispute resolved. 그들은 결국 그 분쟁이 해결되게 했다.</td></tr>
<tr><td>2</td><td>stop by / stop over</td><td>잠깐 들르다(= drop by) / 여행(이동) 도중에 들르다</td></tr>
<tr><td>3</td><td>pick up A</td><td>A를 가지러 가다(A를 가지고 오다), A를 태우다</td></tr>
<tr><td>4</td><td>where the shop is located</td><td>그 가게가 어디에 위치해 있는지</td></tr>
<tr><td rowspan="11">2</td><td>1</td><td>on stage / stage</td><td>무대에 오른 / 무대, 단계, (의도적으로) 보여주다</td></tr>
<tr><td>2</td><td>absolute / absolutely</td><td>완전한(= complete), 분명한(= certain) / 정말로, 분명히</td></tr>
<tr><td>3</td><td>eager / be eager to+v</td><td>열렬한(간절한) / 간절히 ~하고 싶어 하다(= yearn to+v)</td></tr>
<tr><td>4</td><td>in person / personify</td><td>직접 만나 / 상징·구현하다(= embody), 의인화하다</td></tr>
<tr><td>5</td><td>as amazing as I expected</td><td>내가 기대했던 것만큼 놀라운</td></tr>
<tr><td>6</td><td>find someone to perform instead</td><td>(원래 해야 할 사람) 대신 공연(연주)할 누군가를 찾다</td></tr>
<tr><td>7
001
v
004</td><td colspan="2">▶ should have + 과거분사: ~해야 했다 / shouldn't have + 과거분사: ~하지 말았어야 했다
I should have discouraged my credulous cousin from believing in such a bizarre superstition.
나는 쉽게 잘 속아넘어가는 내 사촌에게 그런 괴상한 미신을 믿지 말라고 타일러 말려야 했었다.
You shouldn't have missed his performance. 너는 그의 공연을 놓치지 말았어야 했다.</td></tr>
<tr><td>8</td><td>advertise / advertisement</td><td>광고하다 / 광고</td></tr>
<tr><td>9</td><td>I don't have anything scheduled</td><td>나는 스케줄로 잡힌 것이 전혀 없다</td></tr>
<tr><td rowspan="2">10</td><td>mark the date on your calendar</td><td>네 달력의 그 날짜에 표시를 하다</td></tr>
<tr><td colspan="2">▷ date → 날짜, 대추 / predate A → A보다 전에 존재(발생)하다 / postdate A → A보다 후에 존재(발생)하다
date back → 과거로 거슬러 올라가다 / to date → 지금까지(= so far, thus far) / up to date → 최신의</td></tr>
<tr><td rowspan="9">3</td><td>1</td><td>inform A of B / misinform</td><td>A에게 B에 대해 알리다 / 잘못 알리다(= mislead)</td></tr>
<tr><td>2</td><td>go on through this weekend</td><td>이번 주말 내내 계속 이어지다(= last)</td></tr>
<tr><td>3</td><td>offer a 50 percent discount</td><td>50 퍼센트 할인을 제공하다</td></tr>
<tr><td rowspan="2">4</td><td>certain electronics</td><td>일부 특정한 전자제품들</td></tr>
<tr><td colspan="2">▷ electronic → 전기 부품들로 구성돼 작동되는, 전자의 / electronics → 전자 제품, 전자 부품들
electric → 전기의 / electricity → 전기 / electrify → 전기가 통하게 하다, 극도로 흥분하게 하다</td></tr>
<tr><td>5</td><td>sporting goods</td><td>스포츠 용품</td></tr>
<tr><td>6</td><td>provide a free beverage</td><td>무료 음료수(= complimentary beverage)를 제공하다</td></tr>
<tr><td>7</td><td>shoppers who spend over $50</td><td>50달러 이상을 쓰는 쇼핑객들</td></tr>
<tr><td>8</td><td>give away A</td><td>A를 공짜로 나눠주다, A(비밀, 진실 등)를 드러내다</td></tr>
</table>

3	9	**gift certificate / gift / gifted**	상품권 / 선물 / 천부적 재능을 지닌(= talented)
		▷ certificate → 증명서, 자격증 / certify → 증명·입증하다(= verify, guarantee) / certified → 공인된	
	10	**last but not least**	마지막 내용이지만 마찬가지로 중요한 것은
	11	**you don't have to worry about~**	너는 ~에 대해 걱정할 필요가 없다(= don't need to ~)
	12	**parking fee**	주차 요금
4	1 005 v 009	▶ 의문사 덩어리가 '~하는 것' 등의 의미로 명사절을 형성하는 예 1 What baffled the accountant was **why** he had to pay such a high price for the trivial mistake. 그 회계사를 당황하게 했던 것은 사소한 그 실수 때문에 **왜** 자신이 그렇게 큰 대가를 치러야 **하는지**였다. → 의문사 덩어리가 형성하는 명사절은 '누가, 무엇을, 언제, 어디서, 왜, 어떻게 ~는지' 등을 나타낸다. **When** she became proficient in switching between French and Spanish **[~~are~~ / is]** uncertain. 정확히 **언제** 그녀가 프랑스어와 스페인어를 바꿔 말하는 데 능숙해졌**는지**는 분명하지 않다. → 의문사 덩어리가 만드는 명사절이 주어로 올 땐, 단수로 기능하므로 동사도 단수 동사가 와야 한다. I changed **how(= the way)** I sleep. 나는 내가 자는 **방식**을 바꿨다. I didn't know **how(= the way)** we sleep has something to do with digestion. 나는 우리가 자는 **방식**이 소화와 무엇인가 관련이 있다는 것을 몰랐다.	
	2	**sleep on one's left[right] side**	왼쪽으로[오른쪽으로] 누워 자다
		▷ sleep on one's back → 등을 대고 누워 자다 / sleep on it → 생각할 시간을 갖고 결정을 미루다	
	3	**improve one's health**	건강을 개선하다(= enhance)
	4	**my digestion has got better**	내 소화가(소화기능이) 더 좋아졌다
		▷ digest → 소화하다, 이해해 받아들이다 / indigestion → 소화불량 / ingest → 섭취하다(= consume) congested → 혼잡한(= crowded, overcrowded) / congestion → 혼잡	
	5	1번 설명 참조	
	6	**have something to do with A**	A와 무엇인가 관련이 있다
		▷ have to do with A → A와 관련이 있다 / have nothing to do with A → A와 관련이 전혀 없다	
	7	**digestive process**	소화(소화의) 과정
	8	**stomach**	위, 배
	9 010 v 013	▶ that 또는 this가 강조의 뜻으로 쓰이는 예 Does improving digestion make you **that** much healthier? 소화를 개선하는 것이 너를 **그렇게** 훨씬 건강하게 만들어 줘? Accommodating **this** many visitors is out of the question, so we cannot help but call off the ritual. **이렇게** 많은 방문객을 수용하는 것은 불가능하므로, 우리는 의식을 취소할 수밖에 없다.	
	10	**blood circulation / lifeblood**	혈액 순환 / 활력을 샘솟게 하는 가장 중요한 요소
		▷ circulate → 순환하다, 소문 등이 퍼지다 / circulatory → 혈액 순환의 / circuit → 순환, 전기 회로	
	11	**that makes sense**	그것이 이치에 맞다, 그것은 말이 된다

여론조사(를 하다) po____

A를 이해하다 m____ out A

가지, 지점, 갈라지다 br____

5	1	thank you for sparing time for ~	~를 위해 시간을 내줘서 고맙다
		▷ spare → 여분의(= extra), 여분, 처벌하지 않고 봐주다, 부담 등을 덜어 주다, 돈·시간 등을 내주다	
	2 014 v 017	▶ have(has) + 과거분사 ~ since … → …부터(…이후로) 지금까지 계속 ~했다(~해 왔다) I'**ve wanted** to meet you **since** you won the "Best Rice Award." 당신이 "Best Rice Award"를 수상한 **후부터** 당신을 **계속 만나고 싶었다**. They are testifying that they **have been exposed** to contaminated water **since** the leakage. 그들은 그 유출(누출) **이후로** 지금까지 오염된 물에 **계속 노출돼 왔다**고 증언하고 있다.	
	3	I'm honored	나는 정말 영광이다
		▷ honor → 영광, 명예, 존경하다 / honorable → 영광스러운 / dishonorable → 불명예스러운	
	4	regular reader of the magazine	그 잡지의 정기 구독자
	5	the articles are very informative	기사들이 유익한 정보를 많이 전달해 준다
		▷ article → 기사(글), 물품, (문법) 관사, 법률 등 조항 / particle → 입자, 알갱이, 소량의 흔적	
	6	the secret to your success	당신이 이룬 성공의 비법
	7	without using any chemicals	화학 물질을 전혀 사용하지 않고
		▷ chemical → 화학의, 화학물질 / chemistry → 화학 / chemist → 화학자 / alchemy → 연금술	
	8	kill harmful insects	해로운 곤충(해충)을 죽이다
	9	organic	(화학 비료 등을 사용하지 않고 재배하는) 유기농의
	10	put ducks into the fields	논 안에 오리들을 집어넣다
	11	that's how you grow the best rice	그것은 당신이 최고의 쌀을 재배하는 방식이다
	12	that's the know-how I've got	그것은 내가 터득한 전문 지식(비결 = expertise)이다
	13	rice field	벼를 재배하는 논
6	1	set / set up A / set up a room	설정하다 / A를 배치(설치)하다 / 방의 가구 등을 배치하다
	2 018 v 021	▶ to+v 앞에 'for + 명사(대명사)'를 넣어 to+v의 주어(~가, ~이)를 나타내는 예 She's excited **for him to stay** during the vacation. **그가** 방학 동안 **머물러서** 그녀는 들떠 있다. The recent surge in wheat prices exemplify the potential **for climate change to disrupt** food output. 최근의 밀 가격의 급상승은 **기후 변화가** 식량 생산을 **혼란에 빠트릴 수 있는** 가능성을 예로 보여준다.	
	3	blanket / banquet [bǽŋkwət]	담요, 덮다(= cover) / 축하 만찬, 성대한 식사
	4	checkered pattern	체크무늬 패턴
	5	comfort / comfortable	편안함, 위로하다 / 편안한(↔ uncomfortable<불편한>)
	6	bookcase next to the chair	의자 옆에 있는 책꽂이(책장)
	7	mention / mansion	짧게 언급하다(= touch on<upon>), 짧은 언급 / 대저택
	8	round mirror on the wall / rounding	벽에 있는 둥근 거울 / 숫자의 반올림

7	1	**volunteer**	자원해서 ~하다(자원해서 돕다), 자원봉사자
	2	**citizen / senior citizen**	시민 / 노인
		▷ senior → 나이가 더 많은, 고위직의, 연장자, 은퇴 노인, 고교·대학 졸업 학년 / junior → 후배의	
	3	**the elderly**	노인들 = elderly people
	4	**How considerate of you!**	타인에 대한 배려가 정말 대단하네요!
		▷ considerate → 남을 배려하는(= thoughtful, attentive) / inconsiderate → 남을 배려하지 않는 considerable → 크기 및 수량 등이 엄청난(= substantial, sizable)	
	5	**donate / donation / donor**	기부하다, 기증하다 / 기부, 기증 / 기부자, 기증자
	6	**It was my pleasure. / pleasure**	저도 기분이 좋았습니다. / 즐거움(기쁨 = delight)
	7	**What am I supposed to do?**	제가 무엇을 해야 할까요?
	8 022	▶ '일반동사를 받아주는 do, does, did / be동사를 받아주는 be, is, are, was, were' 패턴의 예 1 Should I prepare lunch like I **did** before? = Should I prepare lunch like I **prepared** lunch before? 제가 이전에 했던 것처럼 저는 점심을 준비해야 하나요? As our house is well insulated, the heating bills will not be as high as they [~~did~~ / **were**] last year. 우리집은 잘 단열이 돼 있기 때문에, 난방비는 작년에 그랬던 것처럼 높게 나오지 않을 것이다. → 'be동사'를 받아 'were'가 와야 할 자리에 일반동사를 받아주는 did가 오면 틀린 표현이 된다.	
	9	**do the dishes**	설거지하다 = wash the dishes
	10	**laundry**	세탁물, 세탁소
	11	**I'm good at washing dishes**	나는 설거지하는 것을 잘 한다
	12 023 v 026	▶ have + A + 동사원형 → A에게(A가) ~하도록(~하게) 하다 We'll **have** someone else **clean** the laundry room. = We'll **get** someone else **to clean** the laundry room. 우리는 다른 누군가에게 세탁실을 **청소하게 하겠다**. → have 대신 get을 써도 같은 의미를 만들 수 있지만, get은 동사원형이 아니라 to부정를 데리고 온다. The film that sums up his life **had[got]** her **weeping** while simultaneously filling her heart with bliss. 그의 삶을 요약한 그 영화는 그녀의 마음을 기쁨으로 채우면서 동시에 **계속 눈물을 흘리게 했다**. → 계속·진행·시작 등을 나타낼 땐 현재분사를 데려오는 것도 가능하고, 이때 have 대신 get을 써도 된다.	
8	1	**apply for the cooking contest**	요리 경연대회에 지원하다(참여를 신청하다)
		▷ apply → 적용하다, 응용하다, 지원(신청)하다 / application → 적용, 응용, 지원 / applicant → 지원자	
	2	**develop a recipe**	요리법을 개발하다
	3	**give up participating in it**	거기에 참가하는 것을 포기하다
	4	**my arm is fully healed / armpit**	내 팔은 완전히 나았다 / 겨드랑이
	5	**unique recipe**	독특한 요리법

(길) 포장하다 / 포장 **p___ / p___**

진행되고 있는 **in the ma___**

본사, 본부 **hea___**

8	6 027 ~ 029	▶ make + A + 동사원형 → A에게(A가) ~하도록(~하게) 만들다(시키다) What **made** you **give up** the contest? 무엇이 너에게 그 대회를 **포기하게 만들었지**? He said he was obsessed with feminine things, which **made** the attendees **look** perplexed. 그는 여성스러운 것에 사로잡혀 있다고 말했는데, 그것은 참석자들이 당황스러운 **표정을 짓게 만들었다**.	
	7	**study abroad / aboard**	해외에서 공부하다 / 탑승·승선한(= on board)
	8	**inform + A + that ~**	A에게 ~라고 알리다
	9	**accept**	받아들이다(수락하다), 입학을 허락하다(입학하게 하다)
		▷ acceptance → 수락, 받아들임 / acceptable → 받아들일 만한 / unacceptable → 받아들일 수 없는	
	10	**miss the contest / contestant**	대회에 참가할 기회를 놓치다 / 대회 참가자
9	1	**admission / admission tickets**	입장, 입장료 / 입장 티켓
	2	**discount / get a discount**	할인, 깎다, 무시하다(= disregard, dismiss) / 할인을 받다
	3	**it does not apply to this program**	그것은 이 프로그램에 적용되지 않는다
10	1	**class reunion**	학급(학교) 졸업생 모임, 동창회
	2	**we're done**	일·식사 등 우리가 하던 것이 끝났다 = we're finished
	3	**go over what we've prepared**	우리가 준비해 왔던 것을 자세히 살펴보다
		▷ go over A → A를 자세히 살펴보다 / go for A → A를 노리다, A를 좋아하다 / go after A → A를 쫓다 it goes without saying that ~ → ~은 말할 필요도 없다 / the same goes for ~ → ~도 마찬가지다	
	4	**book / by the book**	예약하다(= reserve) / 규칙 및 규정 등을 철저히 지켜
	5 030 ~ 034	▶ must have + 과거분사: ~했던 것이 틀림없다 / cannot have + 과거분사: ~했을 리가 없다 It **must have been** very difficult to get a reservation. 예약하는 것은 매우 힘들었**던 것이 틀림없다**. Such a meek and naïve girl **cannot have** deliberately **belittled** or **intimidated** her intimate friends. 그렇게 유순하고 순진한 여자 아이가 자신의 친한 친구들을 의도적으로 **얕보거나 위협했을 리가 없다**.	
	6	**get a reservation**	예약하다
	7	**What food will they serve?**	그들은(그 식당은) 무슨 음식을 제공하지?
	8	**that's what I ordered**	그것이 내가 주문했던 것이다
	9	**souvenir**	행사 및 여행 등의 기념품
	10	**order mugs for souvenirs**	기념품으로 머그컵을 주문하다
11	1 035 ~ 038	▶ let + A + 동사원형 → A에게(A가) ~하도록(~하게) 해 주다(하다) We'd like to **let** you **know** about a great chance to see the preview. 우리는 네가 시사회를 볼 수 있는 엄청난 기회에 대해 **알도록 해 주고** 싶다. The last thing I will do is **let** pessimistic prospects of others [~~to hinder~~ / **hinder**] my progress. 내가 절대 하지 않을 것은 다른 사람들의 비관적 전망들이 나의 발전을 **방해하게 하는 것**이다. → 'let + A + 동사원형' 패턴에서 동사원형 자리에 to hinder 등 다른 형태는 들어갈 수 없다.	

11	2	preview	영화 개봉 전 시사회
	3 039 ~ 041	▶ 조동사(will, can, must 등) + be + 과거분사 → 조동사의 수동 Fifty people **will be invited** to the upcoming event. 50명이 곧 있을 그 행사에 **초대될** 것이다. The toxic compounds **must be handled** with caution. 그 독성 혼합물은 조심해서 **다뤄져야 한다**.	
	4	apply for admission tickets	입장 티켓을 신청하다
	5	the first 100 people who apply	신청하는 선착순 첫 100명
	6	poster / lobster / rooster	포스터 / 바닷가재 / 수탉
	7	in advance	미리, 사전에 = beforehand
	8	commercial break	광고 시간
	9	stay tuned / tune in / tune out A	주파수를 고정하다 / 시청(청취)하다 / A를 그냥 무시하다
		▷ in tune → 잘 조율된, 서로 잘 맞는 / out of tune → 조율이 안 된, 서로 안 맞는 / fine-tune → 미세 조정하다	
12	1	trip / go on a business trip	여행, 걸려 넘어질 뻔하거나 넘어지다 / 출장을 가다
	2	Why don't we book the flight?	비행기를 예약하는 것은 어떨까?
	3	policy / company policy	방침, 정책 / 회사 방침
	4	allow + A + to+v / allowance	A가 ~하는 것을 허용(허락)하다 / 허용량, 허용, 용돈
	5	more than $800 per ticket	티켓 한 장당 800달러 이상
	6	depart / departure / departure time	출발하다 / 출발 / 출발 시간(↔ arrival time<도착 시간>)
	7	daycare	부모들이 근무 시간 동안 아이를 맡기는 탁아소
	8	close to the company we're visiting	우리가 방문하게 될 회사와 가까운
	9	nonstop or one stop	(비행기) 직항 또는 한 번 경유
	10	wait for a connecting flight	갈아타는 항공편을 기다리다
	11	Me, neither.	나도 역시 아니다 = Me, either.
13	1	worthwhile / worthwhile + to+v	가치(보람) 있는 / ~할 가치가 있는(= it's worth ~ing)
	2	suit	(옷) 정장, ~을 만족시키다, ~에 적합하다
	3 042	▶ it(가주어)과 to+v(진주어)로 'it + 형용사 또는 명사 + to+v ~'를 형성하는 예 1 **It** would be awesome **to borrow** your brother's. 네 오빠의 것을 **빌리는 것이** 정말 좋겠다. **It** is your obligation **to take** precautions against it. 그것에 대한 예방조치를 **취하는 것은** 네 의무다.	
	4	awesome / awful	대단한(=fabulous, marvelous, splendid, superb) / 끔찍한
	5	look forward to + 명사(동명사)	~하는 것을 간절히 바라다(원하다)
	6	build a great reputation as an MC	MC로서 상당한 명성을 쌓다
		▷ reputation → 특정 인물 및 사물에 대한 사람들의 판단(평판), 명성 / reputable → 평판이 좋은	

맞바꾸다, 교환 inte____

격정의 표출, 카타르시스 cat____

의무적인, 딱 정해진 obl____

interchange [ìntərtʃéindʒ]

catharsis [kəθáːsis]

obligatory [əblígətɔ̀ri]

13	7	**mostly**	주로, 일반적으로 = mainly, largely generally, by and large
	8	**have all the introductions ready**	모든 소개들(모든 소개 내용들)을 다 준비해 놓다
		▷ introduce → 소개하다, 도입하다(= initiate, launch) / introduction → 소개, 도입	
	9	**ask + A + to+v**	A에게 ~하도록 요청하다 = call on(upon) + A + to+v
	10	**lend you one of his suits**	너에게 그의 정장들 중 하나를 빌려주다
	11	**Will his suit be my size?**	그의 정장이 내 사이즈일까(내 사이즈에 맞을까)?
	12	**pretty much**	100%는 아니지만 거의 = pretty well, mostly, all but
	13	**have the same build**	같은 체격을 갖고 있다
14	1	**definite / definitely**	분명한(= certain, unambiguous) / 분명히(= certainly)
	2	**terrific**	대단한(= excellent, splendid), 엄청난(= tremendous)
	3	**I'll check right away if there are ~**	~이 있는지 (없는지) 내가 당장 체크해 볼 게
	4	**nearby / lullaby** [lʌ́ləbài]	가까이 있는, 근처에 / 자장가
	5	**Never mind. / set one's mind to A**	신경 쓰지 마 / A에 집중하다 = put one's mind to A
	6	**take the course next semester**	다음 학기에 그 과정을 수강하다
	7	**have a degree in philosophy**	철학 학위를 갖고 있다
		▷ degree → 온도, 정도(= level, extent), 학위 / to some[a] degree → 어느 정도는 ▷ philosophy → 철학 / philosophical → 철학적인 / philosopher → 철학자	
	8	**philosophy discussion group**	철학 토론(대화) 모임 ⇒ discussion = back-and-force
	9	**take a lot of effort to read**	읽는 데 상당한 노력이 필요하다
		▷ read between the lines → 숨겨진 속뜻을 파악하다 / read A like a book → A의 속내를 정확히 파악하다	
	10 043 v 046	▶ since가 '~때문에(= because, as)'를 의미하는 경우의 예 His books take a lot of effort to read **since** they include his deep knowledge and thoughts. 그의 책들은 그의 심오한 지식과 생각을 포함하고 있**기 때문에** 읽는 데 상당한 노력이 필요하다. **Since** he has been declared not guilty with his integrity intact, he is qualified for the nomination. 그가 도덕성이 상처를 안 입고 온전한 상태로 무죄가 선고됐**기 때문에**, 그는 지명(추천)을 받을 자격이 있다.	
	11	**include / inclusion / inclusive**	포함하다(↔ exclude<제외하다>) / 포함 / 포함하는
	12	**deep knowledge and thoughts**	깊은(= profound) 지식과 생각
	13	**share ideas with others**	다른 사람들과 생각을 공유하다
	14	**Plus, ~**	게다가, ~이다 = In addition, Besides, Furthermore
	15	**develop critical thinking skills**	비판적 사고 기술을 기르다
	16	**~ as well**	~도 마찬가지로, ~도 역시 = ~ too

15	1	Make sure to call me. / call in sick	나에게 꼭 전화해. / 병가를 내려고 직장에 전화하다
	2	go somewhere new	새로운 어딘가로 가다
	3	opportunity to make friends	친구들을 사귈 수 있는 기회
	4	broaden your perspective	너의 관점을 확장하다(= expand, widen)
	5	luggage / carry the luggage	짐(수하물= baggage) / 짐을 나르다
	6	on your own	너 스스로, 너 혼자서 = by yourself
	7	pack / pack your bag by yourself	배낭, 싸다, 가득 채우다(= cram) / 너 혼자 가방을 싸다
		▷ packed → 가득 찬(혼잡한 = crammed, crowded) / peck → (부리 등으로) 쪼다	
	8	take care of A	A를 돌보다(= look after A), A를 다루다(= deal with A)
	9	have an experience preparing ~	~을 준비해 본 경험을 갖고 있다
	10	be supposed to+v	~하기로 돼 있다, ~해야 한다, ~라고 여겨지다
	11	go on a school trip / go on to ~	수학여행을 가다 / (…을 끝내고) 뒤이어 ~도 하다
	12 047 v 051	▶ get + A + to+v 및 분사 및 형용사 → A가 ~되게(하게) 하다 They tried to **get** me **to succumb** to the temptation. 그들은 내가 그 유혹**에 굴복하게 하려고** 했다. What on earth **gets** the Moon **orbiting** the Earth? 무엇이 도대체 달이 지구를 **계속 공전하게 할까**? I was compelled to **get** the lawn mower **disassembled**. 나는 잔디 깎는 기계가 **분해되게 해야** 했다. He asks his mother to **get** his stuff **ready**. 그는 그의 물건이 **준비되게 해 달라고** 엄마에게 부탁한다.	
	13 052 v 054	▶ '형용사(부사) + enough + to+v'로 '~할 만큼 충분히 ~한(~하게)'를 나타내는 패턴의 예 Brian is **old enough to prepare** what he needs. Brian은 필요한 것을 **준비할 만큼 충분히 나이가 들었다**. The virus has evolved a mutation rate that is **fast enough to stay ahead of** the immune system. 이 바이러스는 면역체계**보다 앞설 만큼 충분히 빠른** 돌연변이 비율을(속도를) 진화시켜 왔다.	
	14	prepare what he needs	그가 필요한 것을 준비하다
	15	learn to be more independent	의지하지 않고 더 독립할 수 있는 방법을 배우다
		▷ dependence → 의존 / independence → 독립 / dependent → 의존하는 / independent → 독립한	
	16	most likely	아마 분명히 = very probably, in all likelihood, ten to one
16 | 17	1 055 v 058	▶ '명사 + 과거분사 ~'로 '~된(되는) …'을 뜻하며 수동 관계로 명사를 수식하는 패턴의 예 1 Animals **used** in delivering mail in history. 역사상 우편을 배달하는 데 **사용돼 온** 동물들. Appliances **abandoned** by tenants rusted away. 세입자들에 의해 **버려진** 가전제품들은 녹슬고 말았다.	
	2	difficulty of training animals	동물을 훈련시키는 것의 어려움
	3	adaptation to A	A에 대한 적응(= adjustment)
		▷ adapt → 적응·조절하다(= adjust, modify), 각색하다 / adaptation → 적응·조절(= adjustment), 각색	
	4	environmental changes	환경의 변화

	No.	Expression	Meaning
16–17	5	**endanger / endangered animals**	위험에 빠트리다(= put ~ at risk) / 멸종 위기의 동물들
	6	**ways animals send messages**	동물들이 메시지를 보내는 방식
	7	**have access to A**	A를 사용하다, A를 얻다, A에 접근하다
	8	**simple option / simplicity**	간단한 선택(간단히 선택할 수 있는 것) / 단순함
	9	**out there**	주변 세상에
	10	**horses were frequently utilized**	말들이 자주 이용됐다
		▷ frequent → 빈번한, 자주 가다 / frequently → 자주 / frequency → 빈도, 소리·전파가 반복되는 주파수 ▷ utilize → 이용하다(= harness) / utility → 수도·전기 등 공공 서비스, 유용성 / utilitarian → 실용적인	
	11	**19th century**	19세기
	12	**express / mail express system**	표현하다(= articulate), 속달의 / 우편 속달 시스템
	13	**service a large area**	넓은 지역에 서비스를 제공하다
	14	**pigeons may be seen as a problem**	비둘기들은 문제로 여겨질 수 있다
		▷ be seen as A → A로 여겨지다(= be viewed as A, be thought of as A, be looked on<upon> as A)	
	15	**ancient Greece**	고대의 그리스
		▷ ancient → 고대의, 오래된 / patient → 환자, 참을성 있는(= tolerant) / patience → 참을성(= tolerance)	
	16	**pigeons were used to mail ~**	비둘기들은 우편으로 보내기 위해 이용됐다
		▶ '~ used to ~'가 사용되는 문장의 다양한 예 Tom **used to climb** up the palm tree. Tom은 그 야자수에 **오르곤 했다**. → used to+v: ~하곤 했다 Tom **is used to climbing** up the palm tree. Tom은 그 야자수에 **오르는 것에 익숙하다**. → be used to ~ing: ~에 익숙하다 This ladder **is used to climb** up the palm tree. 이 사다리는 그 야자수에 **오르기 위해 이용된다**. → be used to+v: ~하기 위해 이용되다	
	17	**mail people the results of ~**	사람들에게 ~의 결과를 우편으로 보내다
	18 059~062	▶ be known for A: A로 유명하다 / be known as A: ~로 여겨지다 / be known to A: ~에게 알려지다 Alaska and Canada **are known for** their cold winters. Alaska 와 Canada는 추운 겨울**로 유명하다**. The city **is known as** the transport hub of this continent. 이 도시는 이 대륙의 교통 중심으**로 여겨진다**. His futile attempt to survive **was known to** them. 생존하려던 그의 허무한 시도가 그들**에게 알려졌다**.	
	19	**adapt to run over ice and snow**	얼음과 눈 위를 달리도록 적응하다
	20	**fascinate / fascinating**	매료시키다 / 아주 흥미롭고 매력적인(= captivating)
	21	**import camels from ~**	~로부터 낙타를 수입하다
		▷ import → 수입하다, 수입 / export → 수출하다, 수출 / deport → 추방하다 / port → 항구	
	22	**the Middle East / in the middle of A**	(지리) 중동 / A 도중에(= amid A, amidst A)

simplify [símpləfài]

mark down

gourmet [guərméi]

문항	번호	표현	의미
16-17	23	**transfer mail across vast deserts**	광활한 사막을 가로질러 우편을 보내다
		▷ transfer → 옮기다(이동시키다, 전달하다), 병을 옮기다(= transmit), 전학하다, 교통편을 갈아타다 ▷ vast → 규모·수량·정도가 엄청난 / fast → 빠른, 단식하다 / vest → 조끼 / nest → 둥지, 보금자리	
	24	**camels are ideally suited to the job**	낙타들은 이상적으로 그 일에 딱 맞게 적합화 돼 있다
		▷ ideal → 이상적인, 이상 / ideally → 이상적으로 / ideology → 이념, 사상 / ideological → 이념(사상)적인	
	25	**for quite a while / quit / quiet**	상당히 오랫동안 / 그만두다, 그만두고 떠나다 / 조용한
	26	**reliable delivery systems**	믿을 만한(= dependable, trustworthy) 배달 시스템
	27	**ignore / snore**	무시하다(고려하지 않다 = disregard) / 코를 골다
	28 063 v 065	▶ 숙어 구조를 알고 있으면 파악이 쉬운 목적격 관계대명사 패턴 1 We should not ignore the **roles** (that) they **played**. 우리는 그들이 **맡았던 역할들**을 무시하면 안 된다. → play a role 역할을 맡다 ⇒ 관계대명사는 목적어를 받아주는 목적격 관계 대명사이므로 생략 가능 We stand up for the **decisions** √ the executives **made**. 우리는 임원들이 **내렸던 결정**을 지지한다. → make a decision 결정을 내리다 Many **steps** √ pioneers **took** were ahead of their time. 개척자들이 **취했던** 많은 **조치들**은 시대를 앞섰다. → take a step 조치를 취하다(= take action, take measures)	
18	1	**resident**	특정 지역에 오래 살고 있는, 그런 거주자(= inhabitant)
	2	**located right next to ~**	~ 바로 옆에 위치해 있는(= situated)
	3	**newly opened park / open-ended**	새롭게 개장한 공원 / 정해지지 않은, 정답이 따로 없는
	4	**let dogs run around / underdog**	개들이 뛰어다니게 해 주다 / 약체, 사회·조직의 약자
	5	**neighborhood**	동네
	6	**the noise of barking and yelling**	(개들이) 짖고 소리를 지르는 소음
		▷ bark → 개와 같은 동물이 짖다, 나무의 껍질 ▷ yell → 소리를 지르다(= howl) / fell → 베어 넘어뜨리다, 쓰러뜨리다 / spell → 철자(를 쓰다), 주문(마법)	
	7 066 v 067	▶ 'so … (that) ~'으로 '너무 …해서 ~하다'를 나타내는 패턴의 예 The noise of barking and yelling is **so** loud and disturbing **(that)** I cannot relax. 짖고 소리를 지르는 소음이 **너무** 크고 방해를 **해서** 나는 편하게 있을 수가 없다. It rained **so** frequently **(that)** everything was damp, and what was worse, sanitation was poor. 비가 **너무** 자주 **와서** 모든 것들이 다 축축했고, 설상가상으로 위생상태는 형편없었다.	
	8	**loud and disturbing**	소리가 크고 방해를 하는(불안하게 하는)
		▷ loud → 소리가 큰, 화려한 / crowd → 군중, 붐비다 / crowded → 붐비는 / overcrowded → 너무 붐비는 ▷ disturb → 방해하다(= disrupt), 불안하게 하다(= worry) / disturbance → 방해(교란, 소란 = disruption)	
	9	**neighbor / harbor / hover**	이웃 / 항구, 생각을 품다, 제공하다 / 공중에서 맴돌다
	10	**complain about ~ / complaint**	~에 대해 불평하다(불만을 제기하다) / 불평, 불만
	11	**immediate action / immediately**	즉각적인 조치(= measures, steps) / 즉시(= outright)

18	12	**urgent / solve this urgent problem**	긴급한(시급한 = pressing) / 이 긴급한 문제를 해결하다
	13	**I ask you to take measures to prevent the noise**	나는 당신이 그 소음을 막기 위해 필요한 조치를 취해 주기를 요청한다
		▷ take measures → 필요한 조치를 취하다(= take steps, take action) ▷ prevent → 못하게 막다(= stop, curb, bar, deter) / prevention → 예방(방지) / preventive → 예방하는	
19	1 068 v 072	▶ 문장을 이어주는 분사 패턴의 예 **Looking out** the bus window, Jonas could not stay calm. 창밖을 **바라보면서**, Jonas는 차분히 있을 수가 없었다. Finally **arriving** in Alsace after three hours, Jonas saw nothing but endless agricultural fields. 3시간 후에 마침내 Alsace에 **도착해서**, Jonas는 오직 끝없이 펼쳐진 농지만 볼 수 있었다. → 주절의 주어(Jonas)의 동작 및 상태 등을 설명하면서 문장을 이어주는 것이 분사의 기본 역할이다. ▷ 분사는 문장을 이어줄 때 다양한 위치에서 다양한 느낌으로 의미를 전달할 수 있다 **Shivering** with terror, the wounded hiker crept toward the edge of the steep canyon. 공포심에 **부들부들 떨면서**, 부상당한 그 등산객은 가파른 협곡의 가장자리로 기어갔다. The wounded hiker, **shivering** with terror, crept toward the edge of the steep canyon. 부상당한 그 등산객은 공포심에 **부들부들 떨면서** 가파른 협곡의 가장자리로 기어갔다. The wounded hiker crept toward the edge of the steep canyon, **shivering** with terror. 부상당한 그 등산객은 가파른 협곡의 가장자리로 기어갔는데, 공포심에 **부들부들 떨고 있었다**.	
	2	**stay calm**	차분한 상태로 유지하다 = remain calm
	3	**look forward to this field trip**	이번 현장체험 학습을 간절히 바라다
	4	**history course / discourse**	역사 수업 과정 / 토론(담화 = discussion, conversation)
	5	**history professor**	역사 교수
	6	**recommend / recommendation**	추천하다 / 추천
	7	**sign up / sing up for A**	신청·등록·가입 등을 위해 서명하다 / A에 등록(가입)하다
	8	**enthusiastic / enthusiastically**	열정적인(= eager, passionate) / 열정적으로
	9 073	▶ '최상급 또는 서수 + (명사) + **to+v**'로 '**~한(~했던)** …'를 의미하는 패턴의 예 He was the first **to board** the bus in the morning. 그는 아침에 버스**에 탔던** 첫 번째 탑승자였다. He was the youngest explorer **to traverse** Antarctica. 그는 남극**을 횡단한** 가장 젊은 탐험가였다.	
	10	**the landscape looked fascinating**	그 풍경(= scenery)은 아주 흥미롭고 매력적으로 보였다
	11	**head to A**	A로 향해 가다 = head(make) for A, be headed for A
	12	1번 설명 참조	
	13 074 v 077	▶ but이 '~을 제외하곤(except, other than)'을 의미하며 형성되는 다양한 표현 I came across no one there **but** a janitor. 난 건물 관리인**을 제외하곤** 거기에서 아무도 안 마주쳤다. He saw **nothing but** endless fields. 그는 **오직** 끝없이 펼쳐진 농지**만** 볼 수 있었다. The concise remark is **anything but** sarcastic. 그 간결한 발언은 빈정거리는 표현**이 전혀 아니다**.	

19	14	**endless agricultural fields**	끝없이 펼쳐진 농지(농작물을 심고 가꾸는 땅)
	15	**the fields hardly appealed to him**	그 농지는 그에게 거의 매력적으로 느껴지지 않았다
	16	**expect to+v / expectant**	~할 것으로 기대(예상)하다 / 기대되는, 곧 출산을 할
	17	**castle / wrestle / rustle / muscle**	성 / 맞서 싸우다, 분투하다 / 바스락거리다 / 근육
	18	**monument / historical monument**	유적(기념물) / 역사적 유적(기념물)
	19 078 v 081	▶ '느끼고 보고 듣는 등의 동사 + 목적어 + 동사원형 또는 현재분사' 패턴의 예 I **felt** something **poke[poking]** me in the spine. 나는 무엇인가 내 척추를 **콕콕 찌르는 것**을 **느꼈다**. → 동사원형과 달리 현재분사를 쓰면 상황 전체가 아니라 상황의 일시적 진행을 표현하는 느낌이 강해진다. He **saw** nothing like that **awaiting** him. 그는 그것 같은 어떤 것도 그를 **기다리고 있는 것**을 **못 봤다**. She **heard** someone **groaning** in agony. 그녀는 누군가 심한 고통으로 **신음하고 있는 것**을 **들었다**.	
	20	**await A**	A를 기다리다 = wait for A
	21	**say to oneself with a sigh**	한숨을 쉬며 혼잣말하다
	22	**disappoint / disappointed**	기대에 못 미쳐 실망시키다(= let down) / 실망한
	23	**indifferent / indifference**	무관심한(= unconcerned) / 무관심
	24	**thrill / thrilled**	아주 신나게(들뜨게) 하다, 흥분(들뜸) / 아주 신난(들뜬)
	25	**amaze / amazed**	아주 놀라게 하다 / 아주 놀란(= astonished, startled)
	26	**horrify / horrified**	크게 놀라게 하다 / 크게 놀란(= extremely shocked)
	27	**relieve / relieved**	부담 등을 덜어주다, 안심시키다 / 안심한(= reassured)
	28	**confident / confidential**	자신하는(= self-assured, positive) / 비밀의, 극비의
20	1	**probable / probably / probability**	가능성이 있는 / 아마도 / 가능성(= likelihood), 확률
	2	**roadblock to play for adults**	어른에게 있어서 놀이를 막는 장애물(= hindrance to ~)
	3 082 v 084	▶ '명사 + that절' 형태로 '~다는[~라는] …' 등을 의미하는 동격 패턴의 예 1 Did you hear the breaking news **that** he is about to resign because he is accused of bribery? 뇌물 수수로 비난을(고소를) 당해서 그가 곧 사임할 것이**라는** 속보를 넌 들었어? The biggest roadblock to play for adults is the worry **[~~which~~ / that]** they will look silly. 어른에게 있어서 놀이를 막는 가장 큰 장애물은 그들이 어리석게 보일 것이**라는** 우려다. → that은 완전한 문장을 가져오는 접속사이므로, 불완전한 문장을 가져오는 관계대명사 which는 틀린 표현.	
	4	**silly / silliness**	어리석은(= foolish), 웃기는 / 어리석음, 웃김
	5	**proper / improper / property**	적절한, 올바른 / 부적절한(= inappropriate) / 재산, 특성
	6	**dumb**	어리석은(= stupid, foolish), 충격 등으로 말문이 막힌
	7	**they allow themselves to truly play**	그들은 자신들이 진짜로 놀도록 허락해 주다
	8	**responsible / irresponsible**	책임감이 있는(책임 지는 = accountable) / 책임감이 없는

일을 해서 벌다, 얻다 **ea___**

매진된 / 매진 **s___ out / s___**

전환, 변환, 변천 **tra___**

지문	번호	표현	의미
20	9	**mature / immature / premature**	성숙한 / 미성숙한 / 너무 이른(때 이른), 조산한
	10	**childish**	어린아이의, 어리석고 유치한(= silly, immature)
		▷ childlike → 순수하고 천진난만한(= innocent, ingenuous, naïve) / lifelike → 실물과 똑같은	
	11	▶ it(가주어)과 to+v(진주어)로 'it + 형용사 또는 명사 + to+v ~'를 형성하는 예 2 **It** is irresponsible, immature, and childish **to give** themselves regularly over to play. 그들 자신들을 놀이에 완전히 사로잡히게 한**다는 것은** 책임감이 없고, 미성숙하며, 어리석고 유치하다. **It** can be hard **to let go** sometimes and **(to) become** physically and emotionally free. 가끔 **자유롭게 마음껏 행동하는 것**과 신체적이면서 감정적으로 자유롭**게 된다는 것**은 힘들 수 있다.	
	12	**give oneself over to A**	자신을 A에 완전히 사로잡히게 하다
	13	**nonsense and silliness come naturally to kids**	전혀 이치에 맞지 않은 행위와 어리석음은 아이들에게는 자연스럽게 다가온다(아이들과 관련해 이상한 게 없다)
		▷ nonsense → 이치에 전혀 안 맞는 것, 어리석고 짜증나는 행위 / nonsensical → 이치에 전혀 안 맞는	
	14	**they get pounded out by norms that look down on "frivolity"**	그들(어른들)은 "경박함(경솔한 언행)"을 깔보는 집단의 규범(기준)에 의해 호되게 계속 공격을(저지를) 당한다
		▷ pound → 파운드(무게, 영국화폐), 때리다(= beat, hit, strike), 으깨다(= crush), 쿵쿵 걷다(= tramp) ▷ norm → 특정 집단의 일반적 규범 및 기준(= standard, criterion) / normative → 규범(기준)에 맞춘 ▷ look down on A → A를 깔보다 / look up to A → A를 우러러보다 / look over A → A를 빨리 훑어보다	
	15	**this is particularly true for ~**	이것은 ~에게 특히 더 그렇다
	16	**people who have been valued for ~**	~로 가치가 평가돼 온 사람들
		▷ overvalue[undervalue] → 과대평가[과소평가]하다 / take A at face value → A 자체를 그대로 받아들이다	
	17	**performance standards set by parents or the educational system**	부모나 교육 제도에 의해 설정된 수행능력 기준
	18	▶ '명사 + 과거분사 ~'로 '~된(되는) …'을 뜻하며 수동 관계로 명사를 수식하는 패턴의 예 2 This is particularly true for people who have been valued for performance standards **set** by parents or the educational system. 이것은 부모나 교육 제도에 의해 **설정된** 수행능력 기준으로 가치가 평가돼 온 사람들에게 특히 더 그렇다.	
	19	**be measured by ~ / measurement**	~에 의해 중요성 등이 평가(측정)되다 / 측정
	20	▶ 2개 이상의 과거분사가 접속사를 연결 수단으로 이어지는 패턴 This is particularly true for people who have been **valued** for performance standards set by parents or the educational system, or **measured** by other cultural norms that are **internalized** and no longer **questioned**. 이것은 부모나 교육제도에 의해 설정된 수행능력 기준으로 **가치가 평가돼 왔거**나 흡수를 통해 **내면화되**고 더 이상 **의문시되지** 않는 다른 문화적 규범들에 의해 **가치 등이 평가돼 온** 사람들에게 특히 더 그렇다. → 'who have been + 과거분사'에서 과거분사 valued와 measured가 접속사 or를 연결 고리로 이어졌고, 'that are + 과거분사'에서 과거분사 internalized와 questioned가 접속사 and를 연결 고리로 이어졌다.	
	21	**cultural norm**	(특정 집단이 공유하는 일반적인) 문화적 규범 및 기준

earn [ə:rn]

sold out / sellout

transition [trænzíʃən]

20	22	**internalize / be internalized**	흡수를 통해 내면화하다 / 흡수를 통해 내면화되다
		▷ internal → 내부의(= interior, inner) / external → 외부의(= exterior, outer) / eternal → 영원한	
	23	**be no longer questioned**	더 이상 의문시되지 않다
	24	**spend his adult life worried about always appearing ~**	항상 ~인 듯 보이는 것에 대해 걱정하며 그의 성인의 삶을 보내다
	25	**respect / respectable**	존경하다, 존경, 측면 / 존경할 만한, 꽤 좋은(= decent)
		▷ respectful → 존경심을 보이는 / respective → 각자의(= individual)	
	26	**competent / competence**	능력 있는(= capable, efficient) / 유능함(= competency)
		▷ incompetent → 무능한, 무능한 사람 / incompetence → 무능함	
	27	**knowledgeable / acknowledge**	지식이 풍부한(= intelligent) / 인정·시인하다(= admit)
	28	11번 설명 참조	
	29	**let go / let go (of) A = let A go**	자유롭게 마음껏 행동하다 / A를 붙들지 말고 놓아 주다
	30	**physically and emotionally free**	육체적으로도 정서적으로도 자유로운
	31	**the thing is this**	알고 있어야 할 중요한 점은 이것이다
	32	**give yourself permission to+v**	당신 자신에게 ~할 수 있는 허락을 해 주다
		▷ permit → 허락하다(허가하다 = allow, authorize) / permissive → 많은 자유를 주고 많이 허용하는	
	33	**improvise**	준비없이 즉흥으로 연주, 연설, 요리 등을 하다
	34	**mimic / mimicry**	흉내내다(= imitate, copy) / 흉내내기, 흉내
	35	**take on a long-hidden identity**	오랫동안 숨겨져 온 정체성을 띠다
		▷ take on A → A(특성)를 띠다, A(책임)를 떠맡다, A와 맞서다 / take off → 이륙하다, 갑자기 인기를 끌다 take up A → A를 다 차지하다, A(취미, 활동)를 시작하다 / take to A → A로 향해 가다, A에 애착을 갖다 ▷ identify → 정체 등을 식별(확인)하다 / identification → 식별(확인), 신분증 / identity → 정체성	
21	1	**learning environment / unlearn**	학습 환경(= setting) / 악습 등을 내버리다(잊다)
	2	**deal with A / ordeal**	A를 다루고 대처하다(= tackle A) / 시련(= trial)
	3	**database instinct**	축적된 정보를(지식을) 활용하려는 본능(= intuition)
	4	**improvisatory instinct**	즉흥적인 본능
	5	▶ 주어와 동사가 멀리 떨어져 있어 동사 파악이 혼동되는 예 1 **Any learning environment** that deals with only the database instincts or only the improvisatory instincts **ignores** one half of our ability. 축적된 정보(지식)만을 활용하려는 본능만을 다루거나 즉흥적인 본능만을 다루는 **그 어떤 학습 환경도** 우리 능력의 절반**을 무시한다(고려하지 않는다)**.	
	6	**ability / ignore one half of our ability**	능력 / 우리 능력의 절반을 무시하다(고려하지 않다)
		▷ inability → 무능력 / disability → 심신 장애 / disabled → 장애가 있는 / disable → 장애를 유발하다	

밝게 빛나다, 밝은 불빛 **gl___**

공기로 이동(확산)하는 **ai___**

사기, 사기꾼 **fr___**

21	7	**be bound to+v**	꼭 ~할 것이다(= be certain to+v), 꼭 ~해야 한다
		▷ bind → 묶다(속박하다: bind – bound – bound) / be bound for A → (교통편) A행이다(A로 향해 가다)	
	8	**it makes me think of jazz guitarists**	그것은 나로 하여금 재즈 기타리스트를 생각나게 한다
	9	**make it**	약속 시간 및 장소에 오다, 생존하다, 해내다(성공하다)
	10	**know a lot about music theory**	음악 이론에 대해 많이 알다
	11	**jam in a live concert**	라이브 콘서트에서 따로 준비 없이 함께 연주하다
	12	**workplace / workforce / workday**	일터, 직장, 작업장 / 노동력 / 평일, 근무일
	13	**emphasize / emphasis**	강조하다(= accent, stress, put emphasis on) / 강조
	14	**stable / fable**	안정된(= steady, well-balanced), 마구간 / 동화
		▷ unstable → 불안정한 / stabilize → 안정되게 하다 / stability → 안정화(= steadiness)	
	15	**rote-learned database**	기계적으로 암기된 축적 정보(지식)
	16	**they ignore the improvisatory instincts drilled into us**	그들은 우리(우리 인간)에게 지속적 반복으로 심어진 즉흥적인 본능을 무시한다(고려하지 않는다)
		▷ drill → 드릴, 훈련, 뚫다, 반복적으로 훈련시키다 / drill A into B → A를 B에게 반복해서 심어 주다	
	17	**creativity suffers / supper** [sʌ́pər]	독창성이 악화되다(악화되다 = declines) / 저녁 식사
	18	**creative usage of a database**	축적된 정보(지식)의 독창적인(창의적인) 사용
	19	**without installing a fund of knowledge in the first place**	애초에 상당량의 지식을 설치(습득)하지도 않은 채
		▷ install → (컴퓨터 프로그램을 컴퓨터에) 설치하다, 직책에 임명하다, 특정 위치에 머물게 하다 ▷ a fund of A → 상당량의 A / fund → 자금(을 대다) / underfunded → 자금이 부족한 / refund → 환불(하다)	
	20 085 v 087	▶ '명사 + to+v' 패턴으로 to+v가 명사를 수식하는 예 They ignore our need **to obtain** a deep understanding of a subject. 그들은 특정 주제에 대한 깊이 있는 이해를 **얻으려는** 우리의 필요성을 무시한다. We have a right **not to be discriminated** against on the basis of our gender or marital status. 우리는 우리의 성별과 결혼 상태를 근거로 **차별을 받지 않을** 권리를 갖고 있다.	
	21	**obtain a deep understanding of ~**	~에 대한 깊이 있는 이해를 얻다
		▷ obtain → 얻다, 획득하다(= acquire, come by) / unobtainable → 획득할 수 없는	
	22 088 v 090	▶ '~**, which** …'로 '~하는데**, 그것은** …이다'를 뜻하며 앞 문장의 특정 요소를 받아주는 패턴 They ignore **our need** to obtain a deep understanding of a subject**, which** includes ~. 그들은 특정 주제에 대한 깊이 있는 이해를 얻으려는 **우리의 필요성**을 무시하는데**, 그것은** ~를 포함한다. → **특정 사물**을 받아주는 경우 **The company yielded to the union's demands, which** was why the miners didn't go on strike. **회사는 노조의 요구를 마지못해 받아들였는데, 그것은** 광부들이 파업을 하지 않았던 이유다. → **특정 문장**을 받아주는 경우	

glow [glou]

airborne [ɛ́ərbɔ̀ːrn]

fraud [frɔːd]

21	23	… include memorizing and storing a richly structured database	…는 풍부하게 구축된(형성된) 축적 정보를(지식을) 암기하는 것과 저장하는 것을 포함한다
		▷ memorize → 암기하다 / memorization → 암기 / memory → 기억 / memorial → 기념관, 기념의 ▷ store → 저장하다(= keep, stockpile), 가게 / storage → 저장 / storehouse → 창고(= warehouse) in store → 저장(준비)된 / wonder what the future have in store → 미래에 무엇이 일어날지 궁금하다	
	24	people who are great improvisers but don't have depth of knowledge	대단한 즉흥 연주자이긴 하지만 지식의 깊이를(깊이 있는 지식을) 갖추지 못하는 사람
	25 091 v 092	▶ 선행사 없이 where가 '~인 곳' '~인 곳에' '~인 곳에서' '~인 곳으로' 등을 뜻하는 다양한 패턴 It is concealed **in a place where** no one can find it. 그것은 아무도 찾을 수 없**는 곳에** 숨겨져 있다. = It is concealed **(in) where** no one can find it. They didn't dare to stay **at the place where** he was. 그들은 그가 있**던 곳에서** 감히 머무를 수 없었다. = They didn't dare to stay **(at) where** he was. You may know someone like this **[~~what~~ / where]** you work. 네가 일하**는 곳에서** 너는 이와 같은 누군가를 알 수도 있을 것이다.	
	26	have the appearance of ~	~인 것처럼 보이다(보이지만 사실은 그것이 아니다)
	27	in the end / on end	결국엔(= at last) / 멈추지 않고 계속(= in succession)
	28	play intellectual air guitar	지적인 느낌이 감도는(감도는 것뿐인) 기타를 치다
		▷ intellectual → 지적인 / intellect → 지적 능력, 지식인 / intelligence → 지능 / intelligent → 똑똑한 ▷ air → 공기, 항공(편), 감도는 느낌(인상, 기색 = impression) 태도(= manner), 방송하다 an air of dignity → 위엄 있는 느낌(인상) / on (the) air → 방송되는 / off the air → 방송되지 않는 up in the air → 아직 결정되지 않은(= not settled) / put on airs → 잘난 체하다(= give oneself airs)	
	29	acquire necessary experience to enhance their creativity	그들의 창의력(독창성)을 강화(개선)하기 위해 꼭 필요한 경험을 얻다
		▷ acquire → 얻다(입수하다, 취득하다 = obtain, come by), 습득하다 / acquisition → 습득(입수, 취득) ▷ enhance → 강화하다(= intensify, strengthen), 개선하다(증진시키다 = improve)	
	30	exhibit artistic talent coupled with solid knowledge of music	음악에 대한 탄탄하고 신뢰할 만한 지식과 결합이 된 예술적인 재능을 보여주다
		▷ exhibit → 전시하다(= display), 보여주거나 드러내다(= reveal, manifest), 전시품, 전시회(= exhibition) ▷ talent → 재능 / talented → 재능이 뛰어난(= gifted, skillful, brilliant, accomplished) ▷ be coupled with A → A와 결합된(= be linked<connected> with A) / uncouple → 연결을 끊다 ▷ solid → 단단한(단호한 = firm, rigid), 안이 꽉 찬(= not hollow), 탄탄하고 신뢰할 만한, 단색의, 고체 solidity → 단단함 / solidify → 강화하다(= consolidate) / solidarity → 단결(연대 = unanimity, unity)	
	31	pose as experts by demonstrating their in-depth knowledge	철저히 파고든 지식을 증명해 보임으로써 전문가 행세를 하다
		▷ pose → 자세, 속임수 / pose A → A(위험 및 문제)를 유발하다 / pose as A → 속이려고 A 행세를 하다 ▷ demonstrate → 증명해 보이다, 시범으로 보여주다, 시위하다(= protest) demonstration → 증명(= proof), 시범, 시위(= protest) / demonstrator → 시위자, 시범을 보이는 사람	

타국에서 이민을 오다 im____

물을 통해 이동(확산)하는 wa____

교리, 원칙, 학설 doc____

immigrate [ímǝgrèit]

waterborne [wɔ́:tǝbɔ̀:rn]

doctrine [dɑ́ktrǝn]

21	32	**perform musical pieces to attract a highly educated audience**	상당히 교양을 갖추고 있는 관객을 끌어들이기 위해 음악 작품들(곡들)을 연주하다
	33	**display seemingly creative ability not rooted in firm knowledge**	확실한(분명한) 지식에 뿌리를 내리고 있지 않은 겉으로 언뜻 보기에 독창적인 능력을 보여주다
		▷ display → 전시하다, 감정 및 기량 등을 보여주다(= exhibit, show), 전시, 컴퓨터 등 스크린 화면 ▷ seeming → 표면상의(= apparent) / seemingly → 겉으로 언뜻 보기에(= apparently, superficially) ▷ root → 뿌리, 뿌리를 내리다 / take root → 뿌리를 내려 성장하다 / root out A → A를 뿌리뽑다 ▷ firm → 단단한(분명한 = solid), 단호한(= determined, resolved), 회사 / affirm → 단언(확언)하다	
	34 093~100	▶ '명사 + not + 과거분사'로 '~되지 않은 …'을 뜻하며 수동의 의미로 명사를 수식하는 예 They are displaying seemingly creative ability **not rooted** in firm knowledge. 그들은 분명한 지식에 **뿌리를 내리고 있지 않은** 겉으로 언뜻 보기에 독창적인 능력을 보여주고 있다. Issues **not considered** grave or a subject of scrutiny will not be addressed for the time being. 중대하거나 면밀한 검토의 대상으로 **여겨지지 않은** 이슈들은 당분간 다뤄지지 않을 것이다. The subscribers **not informed** of the abrupt changes beforehand are guaranteed compensation. 갑작스러운 그 변경에 대해 사전에 **정보를 못 받았던** 구독자들은 보상이 보장돼 있다.	
22	1	**in retrospect / retrospective**	회상해 보면 / 과거를 되돌아보는
	2 101~102	▶ it(가주어)과 that~(진주어)로 'it + 분사, 형용사, 명사 + that ~'를 형성하는 예 **It** might seem surprising **that** something as mundane as the desire to count sheep was the driving force for an advance as fundamental as written language. 양을 세고자 하는 열망만큼 세속적인 것이 문자 언어처럼 근본적인 발전을 향한 추진력이었다는 **것**은 놀라운 듯 보일 수 있을 것이다. **It** is a deep-seated custom **that** the groom's family is prohibited from visiting the bride's family. 신랑의 가족이 신부의 가족을 방문하지 못하게 금지된 **것**은 깊게 뿌리 박힌 관습이다.	
	3	**something as mundane as the desire to count sheep**	양을(양의 수를) 세려는 열망만큼(처럼) 세속적인 것
		▷ mundane → 세속적인(= earthly, worldly, secular), 평범하고 지루한(= dull, boring, tedious) ▷ desire → 열망(= aspiration, yearning, longing), 간절히 열망하다(= long for, yearn for, crave) 나쁜 desired → 바랐던(희망했던) / desirable → 바람직한, 호감이 가는 / undesirable → 바람직하지 않은 ▷ count in A → A를 포함하다(넣어 주다) / count out A → A를 제외하다 / count on(upon) A → A를 믿다	
	4	**driving force for an advance as fundamental as written language**	문자 언어만큼(처럼) 근본적인 발전을 위한 추진력
		▷ advance → 전진하다(발전하다), 전진(발전) / advanced → 발달된, 앞선 / advancement → 전진, 발전 ▷ fundamental → 근본적인 / monumental → 기념물의, 아주 중요한 / scandal → 충격적인 부정 사건 ▷ written language → 문자 언어, 문어 / spoken language → 구두 언어, 구어	
	5	**the desire for written records**	문자 기록을 향한 열망
	6	**accompany economic activity**	경제적 활동을 동반하다
		▷ accompany → ~를 동반하다(~와 동행하다), (음악) 반주하다 / accompaniment → 동반, 반주	

22		**transactions are meaningless**	사고 파는 거래는 의미가 없다
	7	▷ transact → 사고 파는 거래를 하다 / transaction → 사고 파는 거래, 거래 행위 ▷ meaningless → 의미(가치)가 없는 / meaningful → 의미 및 가치가 있는	
	8	**unless you can clearly keep track of who owns what**	누가 무엇을 소유하고 있는지를 당신이 분명히 추적할 수 없다면
		▷ track → 트랙, 흔적, 흔적을 따라가다 / keep track of A → A(상황, 변화 등)를 추적(조회)하다(= monitor A) lose track of A → A(상황, 변화 등)를 추적(조회)하지 못해 놓치다	
	9	**as such**	상황이 (앞에서 언급한 것처럼) 그렇기 때문에
	10	**early human writing is dominated by wheeling and dealing**	(인류 문명) 초기의 인간의 글은 거래 및 합의에 의해 지배된다(~에 의해 대부분이 이뤄진다)
		▷ dominate → 지배하다, 압도하다, 우위를 차지하다 / dominant → 지배적인 / domination → 지배	
	11 103 v 108	▶ 앞에 나온 특정 단어나 덩어리에 대해 추가적이면서 구체적인 설명을 하는 콜론(:)의 예 Early human writing is dominated by **wheeling and dealing**: a collection of bets, bills, and contracts. 초기의 인간의 글은 **거래 및 합의**에 의해 대부분이 이뤄지는데, **거래 및 합의라는 것은** 여러 종류의 내기, 청구서, 그리고 계약서들이다. The evidence of climate change is overwhelming: tundra is melting, glaciers are retreating, islands are submerging, many species are becoming extinct, and crop yields are diminishing. **기후 변화의 증거**는 놀라울 정도로 많은데, **그 증거를 말하자면** 툰드라(동토)가 녹고 있고, 빙하가 줄고 있고, 섬들이 가라앉고 있고, 많은 생물 종들이 멸종하고 있으며, 곡물의 생산이 감소하고 있다.	
	12	**a collection of A / collective**	여럿이(여러 개가) 함께 모인 ~, 여러 ~ / 집단(단체)의
	13	**bet / vet(= veterinarian) / veteran**	내기, 걸다, 확신하다 / 수의사 / 퇴역 군인, 베테랑
	14	**bill**	청구서(계산서), 법안(법률 초안), 지폐, 새 부리(= beak)
	15	**contract**	계약(하다), 수축시키다, 병에 걸리다(= come down with)
	16	**long before we had the writings of the prophets**	예언자들의 글을 우리가 갖기 훨씬 전에 → 종교 교리 또는 예언 등을 담은 글이 나타나기 훨씬 전에
		▷ prophet → 예언자 / prophecy → 예언(예측 = prediction) / prophesy → 예언하다(= foretell)	
	17	**profit / profitable**	이익(= financial gain), 이점(= benefit) / 이익을 내는
	18	**in fact / factual**	사실은(= as a matter of fact) / 사실의, 사실에 바탕을 둔
	19	**many civilizations never got to the stage of recording and leaving behind ~**	많은 문명들이 ~를 기록하는 것과 남기는 것의 단계까지 결코 도달하지 못했다
		▷ civilization → 문명 / civilize → 교양을 갖추게 하다, 문명화하다 / civil → 시민의, 교양 있는 / evil → 사악한 ▷ get to A → A에 도달하다(= reach A) / get through A → A를 해내다, A를 헤쳐 나아가다 ▷ leave behind A → A를 남기다 / be left behind → 뒤처지다 / leave out A → A를 제외하다(빠트리다)	

타국으로 이민을 가다 em___

적정 선을 넘다 c___ the line

입소문 word of m___

emigrate [émәgrèit]

cross the line

word of mouth

문항	번호	표현	의미
22	20	**the kinds of great literary works that we often associate with ~**	우리가 종종 ~과 연결시키는 위대한 문학 작품들 같은 그런 종류들
		▷ literary → 문학의 / literate → 읽고 쓸 줄 아는 / literal → 원문 그대로의 / liberal → 진보(개방)적인 ▷ associate A with B → A를 B와 연결시키다(= connect<link> A with B) / disassociated → 분리된	
	21	**the history of culture / agriculture**	문화의 역사 / 농업
	22	**what survives these ancient societies is a pile of receipts**	이런 고대 사회들에서 살아남은 것은 많은 양의 영수증들이다
		▷ pile → 더미(= heap, stack), 많은 양, 더미로 쌓다(= heap, stack) / compile → 모아서 엮다(만들다)	
	23	**for the most part**	대부분의 경우, 대체로 = in most cases, all in all, usually
	24	**if it were not for A**	A가 없다면 = were it not for A, without A, but for A
		▷ if it had not been for A → A가 없었더라면(= had it not been for A, without A, but for A)	
	25	**commercial enterprises that produced those records**	그런 기록들을 만들어냈던 상업적인 일들(업체들)
		▷ commerce → 상업 / commercial → TV·라디오 등의 광고, 상업적인 / commercialization → 상업화 ▷ enterprise → 도전과 노력을 필요로 하는 일, 기업(업체), 기업가적이고 참신한 능력	
	26	**we would know far, far less about ~**	우리는 ~에 대해 훨씬 덜(= a lot less, much less) 알 것이다
	27	**the cultures that they came from**	그것들이(그런 기록들이) 유래했던 문화들
		▷ come from A → A에서 유래하다(= stem<arise> from A) / when it comes to A → A에 대해 말하자면	
23	1	**human being / humanize**	인간 / 인간미를(인간의 온정을) 불어넣다
	2	**enter the world as competent moral agents**	능력 있는 도덕적 행위의 주체로서 이 세상에 들어오다(태어나다)
		▷ moral → 도덕적인 / immoral → 부도덕한 / mortal → 결국 죽게 될, 치명적인 / immortal → 불멸의 ▷ agent → 직원, 요원, 상황을 유발하는 행위의 주체 / agency → 서비스 제공 기관 및 회사, 정부 기관	
	3 109 ∨ 114	▶ 도치 1: 'little, rarely, hardly, seldom, never, nor 등 부정어 + **동사(조동사)** + 주어 ~' 형태 1. 일반 동사 및 조동사는 '부정어 + do, does, did, 조동사 + 주어 + 동사원형' 형태 He little **dreamed** that he would run for mayor. 그는 시장에 출마하리라고는 거의 꿈도 꾸지 못했다. → Little **did** he **dream** that he would run for mayor. Human beings do not enter the world as competent moral agents. Nor **does** everyone **leave** the world in that state. 인간은 능력 있는 도덕적 주체로서 이 세상에 태어나지 않았다. 또한 모든 사람이 그 상태로 세상을 떠나는 것도 아니다. 2. 완료형은 '부정어 + have, has, had + 주어 + 과거분사' 형태 She **has** rarely **seen** such a reckless investment. 그녀는 그런 무모한 투자를 거의 본 적이 없었다. → Rarely **has** she **seen** such a reckless investment. 3. be동사가 있을 땐 '부정어 + be동사 + 주어 + 현재분사, 과거분사, 형용사, 명사 등' 형태 Our coalition is not fragile, nor **is** it **doomed**. 우리 연합은 약하지 않고, 또한 실패할 운명도 아니다.	

23	4	**in that state / state-of-the-art**	그런 상태로, 그런 상태에서 / 최신 기술(기법)이 적용된
	5	**somewhere in between / go-between**	중간 어디쯤 / 양측의 갈등 해결을 돕는 중재자
	6	**acquire a bit of decency that qualifies them for membership**	그들에게 구성원이 될 자격 및 권리를 주는 약간의 예의를 습득하다
		▷ a bit of A → 약간의 A(= only a little A) ▷ decent → 정직하고 예의 바른, 만족스럽고 좋은, 적절한 / decency → 예의 바름 / indecent → 예의 없는 ▷ qualify → 자격을 주다, 자격을 갖추다 / qualified → 자격을 갖춘(= entitled, eligible) qualification → 자격 / qualify A for B → A에게 B를 받을 수 있는 자격 및 권리를 주다	
	7	**in the community of moral agents**	도덕적인 (행위의) 주체들로 구성된 공동체에서
	8	**genes, development, and learning all contribute to ~**	유전자, 발달, 학습 등 모든 것이 ~의 과정을 유발하는 데 역할을 하다
		▷ gene → 유전자 / genetic → 유전적인 / genetically → 유전적으로 / genetics → 유전학 ▷ contribute → 기부(기여)하다 / contribute to A → A에 기여하다, A를 유발하는 데 역할을 하다	
	9	**the process of becoming a decent human being**	정직하고 예의 바른 인간이 되는 것의 과정
	10	**interaction between A and B**	A와 B 사이의 상호작용
	11	**nature and nurture**	원래 지니고 있는 본질적 특성과 후천적 양육(교육)
		▷ nurture → 양육하다(= bring up, nurse), 오랫동안 생각을 품다(= cherish, nurse), 후천적 양육(교육)	
	12	**highly complex**	굉장히 복잡한 = very complicated
	13	**developmental biologist**	(생물의 다양한 형성 및 발달을 다루는) 발달 생물학자
	14	**they are only just beginning to grasp just how complex it is**	그들은 그저 그것이(그 상호작용이) 얼마나 복잡한지를 이제 막 이해하기 시작했을 뿐이다
		▷ only just → 이제 막 / second only to A → A 다음가는(⇒ second to none: 가장 뛰어난, 최고의) ▷ grasp → 꽉 쥐다(= grab, grip, clutch), 어려운 걸 이해하다, 쥐기, 이해 / crisp → 바삭바삭한, 상쾌한	
	15	▶ 앞에 나온 명사(대명사)를 받아주는 대명사의 예 1 The interaction between nature and nurture is highly complex, and developmental biologists are only just beginning to grasp just how complex **it** is. 원래 지니고 있는 본질적 특성과 후천적 양육 사이의 **상호작용**은 굉장히 복잡하고, 발달 생물학자들은 그저 **그것(그 상호작용)**이 얼마나 복잡한지를 이제 막 이해하기 시작했을 뿐이다. → 앞의 명사가 단수이면 it, this, him 등 단수 대명사, 복수일 땐 they, them 등 복수 대명사로 연결.	
	16	**without the context provided by ~**	~에 의해 제공된 전체적인 큰 틀이 없다면
		▷ context → 말 또는 글의 전후 맥락(문맥), 전체적인 상황(전체적인 큰 틀)	
	17	▶ '명사 + 과거분사 ~'로 '~된(되는) …'을 뜻하며 수동 관계로 명사를 수식하는 패턴의 예 3 Without the context **provided** by cells, organisms, social groups, and culture, DNA is inert. 세포, 생명체, 사회적 그룹, 또 문화에 의해 **제공된** 전체적 큰 틀이 없다면, DNA는 활성화되지 않는다.	

봄, 급성장, 급성장하다 b____

A로 여겨지다 p____ for A

기념일 ann____

boom [bu:m]

pass for(as) A

anniversary [æ̀nivə́:rsəri]

지문	번호	표현	의미
23	18	**cell / shell**	세포, 교도소 감방 / 껍질(을 벗기다)
	19	**organism**	생물, 생명체, 유기체
	20	**say that people are "genetically programmed" to be moral**	도적적이 되도록 사람들은 "유전적으로 이미 프로그램돼 있다(만들어져 있다)"고 말하다
	21	▶ 주어와 동사가 멀리 떨어져 있어 동사 파악이 혼동되는 예 2 **Anyone** who says that people are "genetically programmed" to be moral [~~having~~ / **has**] an oversimplified view of how genes work. 도덕적이 되도록 사람들은 "유전적으로 이미 프로그램돼 있다(만들어져 있다)"고 말하는 **누구든** 유전자가 작동하는 방식에 대해 지나치게 단순화된 관점**을 갖고 있다**. → 주어는 'Anyone'이다. 'having'은 '갖고 있는 것' 및 '갖고 있는'으로 쓰여 동사 기능을 못해 틀린 표현.	
	22	**have an oversimplified view of how genes work**	유전자가 작동하는 방식에 대해 지나치게 단순화된 관점을 갖고 있다
	23	**genes and environment interact in ways that ~**	유전자들과 환경은 ~인 방식으로 상호작용을 한다
	24 (115 ~ 119)	▶ it(가목적어)과 to+v(진목적어)로 '동사 + it + 형용사 및 명사 + to+v ~'를 만드는 예 The high morale of the troops makes **it** nonsensical **to think** that they will surrender rather than resist. 그 군대의 높은 사기는 그들이 저항하느니 항복할 것이**라고 생각하는 것을** 아주 어리석게 들리게 만든다. In order to keep in shape, I made **it** a point **to work out** every day come what may. 좋은 건강 상태를 유지하기 위해, 나는 무슨 일이 일어나더라도 날마다 **운동하는 것을** 잊지 않고 했다.	
	25	**make it nonsensical to think that ~**	~라고 생각하는 것을 아주 어리석게 (들리게) 만든다
		▷ nonsensical → 아주 어리석은(= stupid, silly, foolish)	
	26	**the process of moral development**	도덕적 발달의 과정
	27	**developmental process**	발달 과정
	28	**be discussed in terms of nature versus nurture**	원래 갖고 있는 본질적 특성과 대비된 후천적 양육의 관점에서 논의되다
		▷ in terms of A → A를 바탕으로, A의 관점에서, A인 면에서 / on A's (own) terms → A가 원하는 방식으로 ▷ A versus B → A와 대비된 B, A 대 B / …, and[or] vice versa → …인데 그 반대의 경우도 마찬가지다	
	29	▶ 앞에 나온 명사(대명사)를 받아주는 대명사의 예 2 Genes and environment interact in ways that make it nonsensical to think that **the process of moral development in children** can be discussed in terms of nature versus nurture. Developmental biologists now know that **it** is really both, or nature through nurture. 유전자와 환경은 **아이들의 도덕적 발달 과정**은 원래 지니고 있는 본질적 특성과 대비된 후천적 양육의 관점에서 논의될 수 있다고 생각하는 것을 어리석게 만드는 식으로 상호작용한다. 발달 생물학자들은 **그것(아이들의 도덕적 발달 과정)**은 실제로 양쪽 모두(원래 갖고 있는 본질적 특성과 후천적 양육) 또는 후천적 양육을 통해 접근하는 본질적 특성이라는 점을 이제 알고 있다. → 대명사 it은 'the process of moral development in children'를, both는 'nature'와 'nurture'를 받아준다.	
	30	**nature through nurture**	후천적 양육을 통해 접근하는 본질적 특성

23	31	**complete scientific explanation of moral evolution and development**	도덕적인 진화와 발달에 대한 완전한 과학적 설명
	32	**species / human species**	(생물) 종, 공통의 특징을 지닌 유형 / 인류
	33	**a very long way off**	아주 멀리 떨어진, ~이 되기에는 아직 너무도 먼
	34	**evolution of human morality from a cultural perspective**	문화적인 관점에서 인간 도덕성의 진화
	35	**difficulties in studying the evolutionary process of genes**	유전자의 진화 과정을 연구하는 것의 어려움
	36	**increasing necessity of educating children as moral agents**	도덕적 (행위의) 주체로서 아이들을 교육하는 것의 점점 더 증가하는 필요성
	37	**nature versus nurture controversies in developmental biology**	원래 갖고 있는 본질적 특성과 대비된 후천적 양육과 관련된 발달 생물학에서의 논쟁
		▷ controversy → 논쟁(의견의 불일치 = dispute) / controversial → 논쟁을 불러일으키는	
	38	**complicated gene-environment interplay in moral development**	도덕적인 진화에서 유전자와 환경의 복잡한 상호작용
		▷ interplay → 상호작용(= interaction) / relay → 중계·전달(하다) / repay → 갚다(= pay back), 보답하다	
24	1	**invasions of natural communities by non-indigenous species**	토종이 아닌 외부 종에 의한 자연의 생물 군락 및 동물 군집으로의 침입
		▷ invade → 침입(침해)하다, 물밀듯이 밀려들다 / invader → 침입자(종) / invasion → 침입(= intrusion) ▷ indigenous → 토착의(토종의 = native) / non-indigenous → 토종이 아닌 외부에서 온	
	2	**current / currently**	현재의, 강 등의 흐름, 전류 / 현재, 지금 시점에서
	3	**rate / be rated as A**	비율, 속도, 요금, 판정하다 / A로(A라는) 평가를 받다
	4	**one of the most important global-scale environmental problems**	가장 중요한 전세계적 규모의 환경 문제들 중 하나
	5	**the loss of biodiversity / diverse**	생물 다양성의 상실 / 다양한
		▷ loss → 상실 / toss → 휙 던지다, 뒤척이다 / moss → 이끼 / gross → 전체의, 혐오스러운 ▷ diversity → 다양성 / divert → 방향·관심을 다른 데로 돌리다 / diversion → 방향 전환, 기분 전환(오락)	
	6	**generate concern over ~**	~에 대한 우려를 만들어내다(유발하다)
		▷ generate → 만들어 내다, 생겨나게 하다 / generation → 생성, 세대(시대) / generator → 발전기 ▷ concern → 우려(= anxiety), 관심, ~과 관련되다(= relate to), ~에 영향을 미치다, ~를 걱정하게 만들다	
	7	**consequence / consequent**	결과 / 결과로 일어나는(= resulting, ensuing, attendant)
	8	**ecosystem functioning**	생태계의 (전체적인) 기능
		▷ function → 기능, 기능하다 / functional → 실용적 용도의, 기능적인 / functionality → 기능적 특성	

빛을(신세를) 지다 o____

누적(축적)되는 cum____

기생충, 기생하는 사람 par____

24	9	**thus**	그래서 = therefore, hence, accordingly, consequently
	10	**understanding the relationship between both has become ~**	이들 양쪽 사이의 관계를 이해하는 것은 ~이 됐다
	11	▶ 동명사 덩어리가 문장 속에서 쉽게 파악이 되지 않는 경우의 예 The loss of biodiversity has generated concern over the consequences for ecosystem functioning and thus [~~understood~~ / **understanding**] the relationship between both has become a major focus in ecological research during the last two decades. 생물 다양성의 상실은 생태계의 전체적인 기능의 결과에 대한 우려를 만들어 냈고, 그래서 이들 양쪽 사이의 관계를 **이해하는 것은** 지난 이십 년 동안 생태계 연구의 중요한 초점이 됐다. → 문맥상 동명사(주어) 'understanding'이 동사 'has become'과 이어져 '~를 이해하는 것은 ~이 됐다'가 맞다. 'understood'가 되면 '~를 이해했다는 ~이 됐다'로 해석돼 틀린 문장이 된다.	
	12	▶ 앞에 나온 명사(대명사)를 받아주는 대명사의 예 3 **The loss of biodiversity** has generated concern over **the consequences for ecosystem functioning** and thus understanding the relationship between **both** has become a major focus in ecological research during the last two decades. **생물 다양성의 상실**(①)은 **생태계의 전체적인 기능의 결과**(②)에 대한 우려를 만들어 냈고, 그래서 이들 **양쪽**(①+②) 사이의 관계를 이해하는 것은 지난 이십 년 동안 생태계 연구의 중요한 초점이 됐다.	
	13	**major focus in ecological research**	생태계 연구의 중요한 초점
		▷ ecology → 생물과 환경이 연결된 생태계, 생태학 / ecological → 생태계의 / ecologist → 생태학자	
	14	**during the last two decades**	지난 이십 년 동안
	15	**biodiversity-invasibility**	생물다양성 침입(침해) 가능성
	16	**hypothesis / hypothesize**	가설, 가정 / 가설을 세우다, 가정하다
	17	**suggest that ~**	~를 나타내다(= indicate that ~), ~를 제안하다
	18	**high diversity**	높은 레벨의 다양성 ↔ low diversity(낮은 레벨의 다양성)
	19	**increase**	증가시키다 ↔ decrease(감소시키다)
	20	**competitive environment**	(생존 가능성 등) 경쟁력을 갖춘 환경
	21	**make them more difficult to invade**	그것들을 침입하는 것을 더욱 어렵게 만들다
	22	▶ 앞에 나온 명사(대명사)를 받아주는 대명사의 예 4 The "biodiversity-invasibility hypothesis" by Elton suggests that high diversity increases the competitive environment of **communities** and makes **them** more difficult to invade. Elton의 "생물다양성 침입 가능성 가설"은 높은 레벨의 다양성이 **생물 군락들**의 생존 등에서 경쟁력을 갖춘 환경을 증가시키고 **그것들(생물 군락들)**을 침입하는 것을 더욱 어렵게 만든다는 것을 나타낸다.	
	23	**numerous biodiversity experiments have been conducted**	수많은 생물다양성 실험들이 수행돼 왔다
		▷ numeral → 숫자 / numerical → 숫자의 / numerous → 수많은 / innumerable → 무수한(= untold) ▷ conduct → 수행·실시하다(= carry out, implement), 지휘하다, 행위 / misconduct → 잘못된 행위	

owe [ou]

cumulative [kjú:mjulətiv]

parasite [pǽrəsàit]

24	No.	Expression	Meaning
24	24	several mechanisms have been proposed to explain ~	~을 설명하기 위해 몇 가지의 시스템들(연계 구조들)이 제안돼 왔다
		▷ mechanism → 전체적인 기계 장치, 작동 시스템 및 연계 구조(= system, process), 행동 및 사고 방식	
	25	the often observed negative relationship between ~	종종 관찰되는 ~ 사이의 부정적인 관계
		▷ observe → 관찰하다, 알아채다, 언급하다, 준수하다 / observation → 관찰, 언급 / observance → 준수 ▷ negative → 부정적인, 검사결과 음성인 ↔ positive(긍정적인, 검사결과 양성인)	
	26	beside / upside down / inside out	~뿐만 아니라(= besides) / (상하) 거꾸로 / (안과 겉) 뒤집어
	27	▶ 전치사가 접속사를 연결 고리로, 2개 이상의 길고 복잡한 명사 덩어리를 끌고 오는 예 **Beside** the decreased chance of empty ecological niches but the increased probability of competitors that prevent invasion success, diverse communities are assumed to use resources more completely. 소멸 등으로 인해 특정 생물이 빈 생태계적 상태가 줄어들 가능성과 대비해 (외래 종의) 침입 성공을 막는 경쟁자들이 증가될 가능성**뿐만 아니라**, 다양한 서식 환경들은 자원을 더 완전히 활용한다고 여겨진다. → 전치사 '**beside**'가 접속사 'but'을 연결 고리로, 2개의 길고 복잡한 명사 덩어리를 끌고 왔다.	
	28	decreased chance / stand a chance	줄어든 가능성 / 성공할 가능성이 있다(~ of)
		▷ take a chance (on A) → (A에) 모험을 걸다 / as chance(luck) would have it → 행운(불운)이 원래 그렇듯	
	29	empty ecological niche	소멸 등으로 인해 특정 생물이 빈 생태계적 지위(상태)
	30	increased probability	증가된 가능성(확률 = likelihood)
	31	compete / competitor	경쟁하다 / 경쟁자(= contestant)
	32	prevent invasion success	(외래 종의) 침입(유입) 성공을 막다
	33	diverse community	(생물 분포가) 다양한 군락 및 군집 등 서식 환경
	34 120 v 123	▶ 'assume, believe, consider, think, say 등 생각 표현 동사들의 수동태 + to+v' 패턴의 예 1 The land **was said to be** comparatively fertile. 그 땅은 비교적 **비옥하다고 전해졌다(언급이 됐다)**. The sacred bird **is thought to have** eternal life. 그 신성한 새는 영원한 생명을 **갖고 있다고 여겨진다**. Diverse communities **are assumed** [~~use~~ / **to use**] resources more completely. 생물 분포가 다양한 서식 환경들은 자원을 더 완전히 **활용한다고 여겨진다**.	
	35	use resources more completely	자원을 더욱 완전히 모두 활용하다
	36	▶ 접속사를 연결 고리로 2개 이상의 to+v를 잇는 패턴의 예 1 Diverse communities are assumed **to use** resources more completely and, therefore, **(to) limit** the ability of invaders to establish. (생물 분포가) 다양한 서식 환경들은 자원을 더 완전히 **활용하고**, 그래서 침입종들의 입지(자리)를 굳히는 능력**을 제한한다**고 여겨진다. → 'limit'는 'to limit'의 to가 생략된 형태	
	37	limit the ability of invaders to establish	침입종들의 입지(자리)를 굳히는 능력을 제한하다
		▷ establish → 형성하다, 설립하다(= found), 입지(자리)를 굳히다 / establishment → 형성, 설립, 시설	
	38	further	게다가(= furthermore), 추가적인, 더 발전시키다

절정(최고조), 강조하다 hi___

소리의, 소리 그대로의 ac___

소심한, 겁 / 겁쟁이 c___ / c___

24	39	more diverse communities are believed to be more stable	(생물 분포가) 더 다양한 군락 및 군집 등 서식 환경은 더 안정돼 있다고 여겨진다(믿어진다)
	40	use a broader range of niches than species-poor communities	종의 다양성이 떨어지는 서식 환경보다 (특정 생물의) 생태계적 지위 면에서 더 넓은 범위를 사용한다
	41	Carve Out More Empty Ecological Spaces!	비어 있는 더 많은 생태계적 공간들을 만들어 내라!
		▷ carve → 깎아내다(조각하다) / carve out A → A를 만들어내다, 노력으로 A를 얻다(= obtain A)	
	42	Guardian of Ecology: Diversity Resists Invasion	생태계의 수호자(보호자): 생물의 다양성이 외래종들의 침입에 저항한다
		▷ resist → 저항하다(= withstand, hold out against), 버티다 / irresistible → 억누를 수 없는(= compulsive)	
	43	Grasp All, Lose All: Necessity of Species-poor Ecology	모든 것을 다 잡으려다 모든 것을 다 잃는다: 종들의 다양성이 떨어지는 생태계의 필요성
	44	Challenges in Testing Biodiversity-Invasibility Hypothesis	생물다양성 침입(침해) 가능성 가설을 시험해 보는 데 있어서의 어려운 문제
		▷ challenge → 어려운 문제(장애물 = obstacle), 도전, 이의를 제기하다 / revenge → 복수, 복수하다	
	45	Diversity Dilemma: The More Competitive, the Less Secure	생물 다양성과 관련된 난감한 상황: 더 경쟁적으로 되면 될수록, 덜 안정된다(안전해진다)
		▷ dilemma → 딜레마, 결정이 힘든 난감한 상황(= tricky situation) / charisma → 남을 끌어당기는 카리스마 ▷ secure → 안정된(= stable), 안전한, 확보하다 / insecure → 불안정한(= unstable) / security → 안전, 보안	
25	1	access to electricity	전기의 이용(확보)
	2 124 v 127	▶ 앞에 나온 명사를 단수로 받아주는 that, 복수로 받아주는 those 1 **The percentage** of the total world population with electricity access in 2017 was 11 percentage points higher than **that** in 1997. 2017년에 전기를 쓸 수 있는 전체 세계인구 **비율**은 1997년의 **그것(비율)**보다 11 퍼센트 포인트 더 높았다. The bottom line is that the traits of carnivores differ significantly from **those** of herbivores. 가장 중요한 것은 초식동물의 특성은 육식동물의 **그것과(특성과)** 상당히 다르다는 점이다.	
	3	rural population / plural	농촌의 인구 / 복수의(↔ singular<단수의>), 다원화된
	4	urban population	도시의 인구
		▷ urbanization → (더 많은 인구가 유입됨에 따라 도시가 커지는) 도시화 / urbane → 정중한, 세련된	
26	1	ethnic group / control group	종족 / 실험에서 실험군과 달리 변화를 주지 않는 대조군
		▷ ethnic → 같은 조상·문화·종교 등을 공유하는 특정 인종·민족의 / ethnicity → 특정 인종·민족	
	2	primary / primarily	근본적인(주요한 = main, principal) / 주로(= mainly)
	3	reside in A / subside	A에 살다(= inhabit A) / 잠잠해지다, 수위 등이 낮아지다

highlight [háilàit]

acoustic [əkú:stik]

cowardice [káuərdis] / coward

26	4 128 v 132	▶ 주절에 이어 콤마 뒤에서 형성되는 분사 패턴의 예 1 The Nuer are one of the largest ethnic groups, primarily **residing** in the Nile River Valley. Nuer족은 가장 큰 인종 그룹들 중의 하나인데, 주로 나일강 계곡에서 **살고 있다**. → 콤마 뒤 분사는 앞 주절의 중요한 의미에 이어 정보를 첨가해 설명하는 느낌을 준다. We embraced the paradigm, **convinced** that it wouldn't stand in the way of our objective. = We embraced the paradigm, **(being) convinced** that it wouldn't stand in the way of our objective. 우리는 그 이론을 받아들였는데, 그것이 우리의 목표에 방해가 되지 않을 것**이라고 확신했기 때문이었다**. → 'be convinced that ~(~라고 확신하다)'가 기본 형태로, 이처럼 과거분사(convinced)일 땐 'being' 및 'having been'을 넣어도 된다. 중요한 것은, 능동이면 현재분사를 쓰고 수동이면 과거분사를 쓴다는 점이다.	
	5	**cattle / cattle-raising**	가축으로 기르는 소 / 가축을(소를) 기르는
	6 133 v 136	▶ '~, whose + 명사'로 '~인데, 그들의 …는 —이다'를 나타내는 예 They are a cattle-raising people, **whose** everyday lives revolve around their cattle. 그들은 가축을(소를) 기르는 부족인데, **그들의** 일상 생활은 그들의 가축을(소를) 중심으로 돌아간다. You can grab a flexible cylinder, **whose** diameter and volume shrink when the ends are pulled. 당신은 유연한 원통을 잡을 수 있는데, **그것의** 지름과 부피는 끝 부분이 잡아당겨질 때 수축한다.	
	7	**revolve / revolve around A**	회전(공전)하다 / A를 중심으로 하다(중심으로 다루다)
		▷ revolution → 혁명, 혁신(= innovation), 회전(= rotation) / revolutionary → 혁명의, 혁신적인(= radical)	
	8	**various terms related to cattle**	가축과 연관된 다양한 용어
	9	**distinguish / extinguish**	구별하다(= differentiate) / 불을 끄다(= put out), 없애다
	10	**based on A / baseline**	A에 바탕을 둬, A를 토대로 / 기준이 되는 척도, 기준선
	11	**color, markings, and shape of horns**	색깔, 동물 털 등의 무늬, 그리고 뿔들의 모양
		▷ horn → 동물 뿔, 경적 / honk(blow) a horn → 경적을 울리다 / hone → 연마하다 / thorn → 가시	
	12	**they prefer to be called by the names of the cattle they raise**	그들은 자신들이 기르는 가축의 이름으로 불리는 것을 더 좋아한다
	13	**the commonest daily foods**	가장 흔한 일상적인 음식
	14	**dairy product**	(치즈 등 우유로 만든) 낙농 제품, 유제품
	15	**the young**	젊은 사람들(어린이들, 청소년들) = young people
	16	**sour / soured milk**	맛이 신, 시어지다 / 신맛이 나는(발효된) 우유
	17	**fruits and nuts / fruitful / fruitless**	과일과 견과류 / 결과가 좋은, 보람 있는 / 보람 없는, 헛된
	18	**favorite snack / favoritism**	가장 좋아하는 간식 / 편들기, 편애
	19	**a culture of counting only older members of the family**	오직 나이가 든 가족 구성원들의 수를 세는 문화
	20	**counting the number of children one has could result in misfortune**	사람이 키우고 있는 아이의(자녀의) 수를 세는 것은 결국 불운을 유발할 수 있다
		▷ result in A → 결국 A를 유발하다(= lead to A) / result from A → A로부터 유발되다(= be caused by A)	

흩뿌리다, 흩어지다 sc____

발언권을 갖다 have a s____

사람이 만든 과거 유물 art____

scatter [skætər]

have a say

artifact [ártifækt]

26	21	▶ 주어에 이어 2개 이상의 동사들이 접속사를 연결 수단으로 이어지는 패턴 1 They **believe** that counting the number of children one has could result in misfortune and [**prefer** / ~~preferring~~] to report fewer children than they have. 그들은 사람이 키우는 아이(자녀의) 수를 세는 것이 불운을 결국 유발할 수 있다고 **믿고 있**으며, 자신들이 키우는 수보다 더 적은 수의 아이들로(아이들을 키우고 있다고) 통보(신고)하는 것**을 더 좋아한다**. → 주어 they 뒤에 'believe~'에 이어 and를 연결 수단으로 'prefer~'가 온 형태로, 'preferring'은 틀린 표현.	
	22	**prefer to report fewer children than they have**	그들이 키우는 수보다 더 적은 수의 아이들로(아이들을 키우고 있다고) 통보(신고)하는 것을 더 좋아한다
		▷ report → 보고하다, 통보하다, 신고하다, 말하다(설명하다), 보도하다 / reporter → 기자	
27	1	**green tea packaging design**	녹차 포장 디자인
	2	**take the opportunity to design ~**	~을 디자인할 기회를 갖다(= grab the chance)
	3	**brand-new green tea product**	완전히 새로운(새롭게 출시된) 녹차 제품
	4	**deadline / storyline / front line**	마감 시한 / 줄거리(= plot) / 최전선, 가장 중요한 위치
	5	**participate / participant**	참가하다(= take part) / 참가자
	6	**county**	(행정 구역) 군
	7	**detail / detailed**	세부 사항 / 세부적인
	8	**competition theme**	대회 주제
	9	**green / go green**	친환경적인(= eco-friendly) / 친환경적으로 변화하다
	10	**entry / entrant**	대회 출품작, 대회 참가자, 진입(입장, 참가) / 참가자
	11	**JPG format**	JPG 포맷(형식)
	12	**submit / submit to A**	제출하다(= turn in, hand in) / 반대를 접고 A에 복종하다
	13	**evaluate / evaluation**	평가하다(= assess, appraise) / 평가(= assessment)
	14	**criteria**	criterion(판단 기준 및 척도)의 복수형 = reference points
	15	**functionality**	의도된 용도에 맞는 기능적 특성(실용성) = practicality
	16	**eco-friendly / eco-friendliness**	친환경적인 / 친환경적인 특성
	17	**award / forward / backward / inward**	상(을 주다) / 앞으로(= onward), 전달하다 / 뒤로 / 안으로
	18	**first-place winner's signature**	1등 우승자의 서명
28	1	**badminton challenge**	배드민턴 대결 신청
	2	**charity / charitable / heritable**	자선(단체) / 자선을 베푸는, 관대한 / 유전·상속될 수 있는
	3	**charity tournament event**	(승자가 계속 결선까지 올라가는) 자선 토너먼트 행사
	4	**host / hoist**	개최하다, 주인, 주최자, 진행자 / 국기 등을 게양하다

28	5	**support**	지원하다(돕다), 지지하다, 지원(지지)
	6	**join the tournament**	토너먼트에 참여하다(= participate in, take part in)
	7	**make a two-member team**	2명으로 구성된 팀을 만들다
	8	**fee / entry fee**	회비 및 입장료 등의 비용 / 참가비
	9	**challenge A to a 3-point match**	A에게 3점 경기에서 맞붙자고 대결을 신청하다
		▷ match → 일치시키다, 대결 / unmatched → 남보다 뛰어난(= unrivaled) / matchmaker → 결혼 중매쟁이	
	10	**add / addition / additional**	추가하다, 더하다 / 추가 / 추가적인
	11	**professional player**	프로 선수 ↔ amateur player(아마추어 선수)
	12	**rackets and shuttlecocks**	(배드민턴) 라켓과 셔틀콕
	13	**register / registration**	등록·가입하다(= enroll), 이해되다, 보여주다 / 등록(가입)
29	1	**speculations about the meaning and purpose of prehistoric art**	선사시대 미술의 의미와 목적과 관련된 추측들(생각들)
		▷ speculate → 추측하다(= guess), (주식·부동산) 투기하다 / speculation → 추측(생각), 투기	
	2	**rely heavily on A / ally** n [ǽlai] v [əlái]	상당히 A에 의존하다(= count on A) / 동맹(을 맺다)
	3	▶ 주어와 동사가 멀리 떨어져 있어 동사 파악이 혼동되는 예 3 **Speculations** about the meaning and purpose of prehistoric art [~~relying~~ / ~~to rely~~ / ~~relies~~ / **rely**] heavily on analogies drawn with modern-day hunter-gatherer societies. 선사시대 미술의 의미와 목적과 관련된 **추측들은** 현대의 수렵 채집 사회와 비교해 이끌어내어질 수 있는 유사성에 상당히 **의존하고 있다**. → 분사 'relying'과 to부정사 'to rely'는 동사 기능을 못하고, 복수 주어에 단수 동사(relies)도 올 수 없다.	
	4 137 v 142	▶ 숙어 구조를 알고 있으면 파악이 쉬운 '명사 + 과거분사' 패턴 Speculations rely heavily on **analogies drawn** with modern-day hunter-gatherer societies. 추측들은 현대의 수렵 채집 사회와 비교해 **이끌어내어질 수 있는 유사성**에 상당히 의존하고 있다. → **draw**(= **make**) an analogy: 유사성을 이끌어내다 There have been plenty of **apologies made** by the local officials in charge of public hygiene. 지금까지 공중 위생을 책임지고 있는 지방 관료들에 의해 **표명된** 많은 **사과들**이 있었다. → **make** an apology: 사과를 표명하다, 사과하다 He points out that even **steps taken** in line with mutual interests can have adverse consequences. 그는 상호 이익에 맞춰 **취해진 조치**조차도 의도했던 것과 반대의 결과를 가져올 수 있음을 지적한다. → **take** a step: 조치를 취하다	
	5	**analogies drawn with modern-day hunter-gatherer societies**	현대의 수렵 채집 사회와 비교해 이끌어내어질 수 있는 유사성
	6	**primitive / primitive societies**	원시적인, 발달되지 않은 / 원시적인 사회(원시 사회)
	7 143 v 144	▶ as가 '~처럼'으로 쓰이는 예 This will, **as** he emphasizes, enrich your vocabulary with many synonyms and antonyms. 이것은, 그가 강조하는 것**처럼**, 많은 동의어들과 반의어들로 당신의 어휘를 더 풍부하게 만들어 줄 것이다.	

노예로 만들다, 속박하다 **ens___**

활력(열정), 애니메이션 **an___**

단백질 **pr___**

문항	번호	표현	의미
29	8	the prehistory of the modern mind	현대 지성의 형성 이전의 발전 과정(시기)
		▷ prehistory → 역사 기록 이전의 선사시대, 특정한 결과물 형성 이전의 발전 과정(시기) ▷ mind → 마음, 지성(인) / bear(keep) in mind → 명심하다 / call(bring) A to mind → A를 생각나게 하다	
	9	tend to+v	~인 경향(성향)이 있다 = be inclined(likely, apt) to+v
	10	view(see, regard, think of) A as B	A를 B로(B라고) 여기다 = look upon(on) A as B
	11	man and beast	인간과 짐승
	12	organic and inorganic	생명이 있는 유기체의 그리고 생명이 없는 무기체의
	13	sphere	둥근 구(구체), 활동 및 영향 범위(영역 = domain, realm)
	14	participants in an integrated, animated totality	융합돼 있고 생명력과 에너지로 가득한 (세상) 전체의 참여자들(구성 요소들)
		▷ integrate → 통합하다(= combine) / integrated → 통합·융합된(= combined) / integral → 필수적인 ▷ animated → 생명력과 에너지로 가득한(= lively, full of life) / animate → 살아 있는, 활력 있게 만들다 ▷ total → 전체의(= entire) / totality → 전체(전체 수량 = entirety) / totalitarian → 전체주의의	
	15	dual expressions of this tendency	이 경향을 나타내는 두 개의 표현
		▷ dual → 두 개의(이중의 = double) / duality → 성향 등의 이중성 ▷ tendency → 경향, 성향(= likelihood, inclination, disposition)	
	16	anthropomorphism	동물 및 물체 등에게 인간의 특성을 부여하는 의인화
	17	the practice of regarding animals as humans	동물들을 인간들로 여기는 관행
		▷ practice → 관례적인 패턴(관행= convention), 연습, 실행 / practitioner → 개업 의사·변호사·전문가 ▷ regard A as B → A를 B라고 여기다(= think of A as B, view A as B, consider A (as) B)	
	18	totemism	토테미즘, 동물 및 식물 등을 신성시하는 행위
	19	the practice of regarding humans as animals	인간들을 동물들로 여기는 관행
	20 145 v 151	▶ 사물을 받아주는 ', ~ of which' 및 사람을 받아주는 ', ~ of whom' 패턴의 예 They unveiled **two ambitious plans**, both of **which** were intended to expand their retail business. 그들은 **두 개의 의욕적인 계획**을 발표했는데, **그것들** 둘은 그들의 소매업을 확장할 수 있도록 의도됐다. → ', ~ of which' 및 ', ~ of whom'처럼 관계사가 들어가야 할 자리에 them 같은 대명사를 쓸 수 없다. I inspected all the records of **the petitioners**, some of **whom** claimed they had impaired vision. 나는 **탄원자들**의 기록을 자세히 다 검토했는데, **그들** 중 몇몇은 자신들이 손상된 시력을 갖고 있다고 주장했다. Our head coach has **two sons**, neither of **whom** is tall but both of **whom** are basketball players. 우리의 감독님은 **두 명의 아들**이 있는데, **그들** 둘 다 키가 크지 않지만 **그들** 둘 모두가 농구선수이다.	
	21	spread through the visual art and the mythology of primitive cultures	원시 문화의 시각 예술과 신화 전체로 퍼져 나가다
		▷ mythology → (특정 집단의) 신화, 잘못된 믿음 = myth / mythical → 신화적인, 상상에서만 존재하는	

enslave [insléiv]

animation [ænəméiʃən]

protein [próutiːn]

<table>
<tr><td rowspan="16">29</td><td rowspan="2">22</td><td>the natural world is conceptualized in terms of ~</td><td>자연 세계는 ~의 관점에서 개념이 형성된다</td></tr>
<tr><td colspan="2">▷ concept → 개념 / conceptual → 개념의 / conceptualize → 개념 및 이미지를 형성하다(= conceive)</td></tr>
<tr><td rowspan="2">23</td><td>human social relation / sociable</td><td>인간의 사회적 관계 / 친화력 있는(사교적인 = friendly)</td></tr>
<tr><td colspan="2">▷ socialism → 사회주의 / capitalism → 자본주의 / communism → 공산주의 / imperialism → 제국주의</td></tr>
<tr><td>24
152
v
162</td><td colspan="2">▶ '접속사 + 현재분사(능동 및 진행) ~' 및 '접속사 + 과거분사(수동 및 완료) ~' 패턴의 예
1. 주절의 주어와 같을 때 '주어 + be동사'가 생략돼 현재분사 및 과거분사만 남을 수 있다
While they were investigating the power failure, they detected an irreparable fatal flaw.
→ While investigating the power failure, they detected an irreparable fatal flaw.
그 정전을 조사하고 있는 동안, 그들은 고칠 수 없는 치명적인 결함을 발견했다. → 주어가 능동
When it is considered in this light, the visual preoccupation becomes profoundly meaningful.
→ When considered in this light, the visual preoccupation becomes profoundly meaningful.
이런 관점에서 고려됐을 때, 시각적인 몰두(심취)는 상당히 중요한 의미를 띤다. → 주어가 수동
2. 주절의 주어와 같을 때 be동사가 없는 '주어 + 동사' 형태는 현재분사로 축약될 수 있다
Archers are adept at sustaining focus on designated targets while they suppress distractions.
→ Archers are adept at sustaining focus on designated targets while suppressing distractions.
양궁선수들은 주의산만을 억제하면서 정해진 과녁에 집중을 유지하는 것을 아주 잘한다. → 주어가 능동</td></tr>
<tr><td>25</td><td>when considered in this light</td><td>이런 관점(시각)에서 고려됐을 때</td></tr>
<tr><td rowspan="2">26</td><td>the visual preoccupation of early humans with ~</td><td>~에 대한 초기 인간의 시각적인 심취</td></tr>
<tr><td colspan="2">▷ preoccupy → 생각을 사로잡다 / preoccupied → 심취된 / preoccupation with A → A에 대한 심취
occupy → 차지하다(= take up), 몰두하다 / occupied → 점유된, 전념하는 / occupation → 직업, 점유</td></tr>
<tr><td>27</td><td>creature / nonhuman creature</td><td>동물(생명체) / 인간이 아닌 동물(생명체)</td></tr>
<tr><td>28
163
v
167</td><td colspan="2">▶ '주절에서 주어와 이어지는 동사는 접속사가 없을 땐 오직 하나'의 개념
Many people [<s>show</s> / showing] outstanding resilience in surmounting life's hurdles are introverted.
삶의 역경을 극복하는 데 있어서 두드러진 회복력을 [<s>보여주다</s> / 보여주는] 많은 사람들은 내성적이다.
→ 주어 'Many people'에 동사가 'are'이므로, 'show(보여주다)'가 되면 동사가 2개가 돼 틀린 표현.
The visual preoccupation of early humans with the nonhuman creatures [<s>inhabits</s> / inhabiting] their world becomes profoundly meaningful.
자신들의 세상에서 [<s>살고 있다</s> / 살고 있는] 인간이 아닌 동물(생명체)에 대한 초기 인간의 시각적인 심취는 상당히 의미심장한 가치를 띠게 된다.
→ 동사는 'becomes(~이게 된다)'이므로, 'inhabits(살고 있다)'가 되면 동사가 2개가 돼 틀린 표현.</td></tr>
<tr><td>29</td><td>inhabit A / inhabitant</td><td>A에 살다(= dwell in, reside in) / 거주자(= resident)</td></tr>
<tr><td>30</td><td>profound / profoundly meaningful</td><td>상당한, 심오한 / 상당히 의미 있는(가치 있고 중요한)</td></tr>
<tr><td>31</td><td colspan="2">▶ 'not only A but also B'로 'A뿐만이 아니라 B도'를 나타내는 예
Among hunter-gatherers, animals are not only good to eat, they are also good to think about.
= Among hunter-gatherers, animals are not only good to eat, (but) they are also good to think ~
수렵 채집인들 사이에서, 동물들은 먹기 좋은 뿐만이 아니라 생각을 해 보기에도 좋다.</td></tr>
</table>

고리, 돌다, 순환하다 lo___

노예 / 노예제도 s___ / s___

탄수화물 car___

문항	번호	표현	의미
29	32	as he has observed	그가 관찰했던 것처럼, 그가 언급했던 것처럼
	33	in the practice of totemism	토테미즘을 행하는 과정에서
	34	unlettered humanity / humanity	읽고 쓸 줄 모르는(= illiterate) 인간 / 인간, 인간애
	35	brood upon(on, over, about) A	근심 및 슬픔에 잠겨 A에 대해 오랫동안 생각하다
	36 168 v 170	▶ '~self'가 쓰이는 예 1. 주어와 이어지는 목적어 및 보어가 스스로(자신)이기 때문에 꼭 '~self'를 써야 하는 경우 In the practice of totemism, **an unlettered humanity** "broods upon [~~it~~ / **itself**] and its place in nature." 토테미즘을 행하는 과정에서, **읽고 쓸 줄 모르는 인간은** "**스스로**에 대해 또한 자연에서 스스로의 위치에 대해 오랫동안 생각한다". **You** should be [~~you~~ / **yourself**] with your friends. A good friend accepts you for who you are. **너는** 친구들에게 원래 **너의 존재 그대로**가 돼 줘야 한다. 좋은 친구는 너의 자체를 그대로 받아들인다. 2. '~self'가 단순한 강조의 의미만을 갖고 있어 생략해도 문장 구성에 지장이 없는 경우 **The police officer (himself)** told them how to get away with paying a fine for such a violation. **그 경찰은** (**자신이 직접**) 그들에게 그런 위반에 대해 벌금을 내는 것을 피해갈 수 있는 방법을 알려 줬다.	
	37	its place in nature	자연에서 스스로의 위치
30	1	Suppose we know that ~	우리가 ~라는 것을 안다고 가정해 보자
	2	phobia / suffer from a severe phobia	공포증 / 심각한 공포증으로 시달리다
	3	if we reason that ~	우리가 ~라고 논리적으로 생각(이해, 판단)한다면
	4	she is afraid either of snakes or (of) spiders	그녀는 뱀 또는 거미 중 하나를 두려워한다
	5	establish that ~	~라는 것을 알아내다, ~라는 것을 분명히 확인하다
	6	▶ 주어에 이어 2개 이상의 동사들이 접속사를 연결 수단으로 이어지는 패턴 2 If we **reason** that Paula is afraid either of snakes or spiders, and then [~~establishing~~ / **establish**] that she is not afraid of snakes, we will conclude that Paula is afraid of spiders. 우리가 Paula는 뱀 또는 거미 중 하나를 두려워한다고 **논리적으로 생각하**고, 그리고 나서 그녀는 뱀을 두려워하지 않는다는 점을 **분명히 확인하면**, 우리는 Paula가 거미를 두려워한다고 결론을 내릴 것이다. → 주어 we 뒤에 'reason ~'에 이어 and로 연결돼 'establish ~'가 온 형태로, 'establishing'은 틀린 표현.	
	7	conclude that ~ / conclusive	~라고 결론을 내리다 / 증거 등이 결정적인(= decisive)
	8	conclusion is reasonable only if ~	~인 한 결론은 이성적고 합리적이다
	9 171 v 172	▶ 'only if ~'와 'if only ~'의 구별 Our conclusion is reasonable **only if** Paula's fear really does concern either snakes or spiders. Paula의 두려움이 뱀 또는 거미 중 하나와 정말 관련돼 있**는 한** 우리의 결론은 이성적고 합리적이다. → 'only if ~'는 '~하는 한(~한다면)'을 뜻하며, 'as(so) long as ~' 및 'providing(provided) that ~'과 같다. **If only** this printer were compatible with my computer so that I could carry on with my work. 내가 일을 계속할 수 있도록 이 프린터가 내 컴퓨터와 (연결돼) 함께 사용될 수 **있다면 참 좋을 텐데**. → 'if only ~'는 '~이라면(였다면) 좋을 텐데'를 뜻하며, 이뤄질 수 없는(없었던) 것에 대한 안타까움을 표현.	

loop [lu:p]

slave [sleiv] / slavery [sléivəri]

carbohydrate [kὰrbouháidreit]

30		
10 173 v 175	▶ 'do, does, did + 동사원형'으로 동사를 강조하는 패턴의 예 I **do resent**(> **resent**) their intrusion into my life. 나는 내 삶에 대한 그들의 침해에 **정말 분노한다.** Her fear really **does concern**(> **concerns**) snakes. 그녀의 두려움은 정말 뱀과 **정말 관련돼 있다**. The fad **did prevail**(> **prevailed**) in summer 2010. 그 유행은 2010년 여름에 **정말 널리 퍼졌다**.	
11	**concern either snakes or spiders**	뱀 또는 거미와 관련되다
	▷ concerning A → A와 관련해 =as for(to) A / as(so) far as A is concerned → A의 의견과 관련해 말하자면	
12	**if we know only that she has a phobia**	그녀가 공포증을 갖고 있다는 것만 우리가 안다면
13 176 v 179	▶ '명사 + that절' 형태로 '~다는[~라는] …' 등을 의미하는 동격 패턴의 예 2 The idea [~~which~~ / **that**] humans are inclined to follow suit seems to be deliberately instilled into us. 인간은 남들이 하는 것을 따라하는 경향이 있**다는** 개념이 우리에게 의도적으로 천천히 주입되는 것 같다. → 이런 동격 패턴에서 that 뒤에는 완벽한 문장이 오므로, 불완전 문장을 데려오는 which는 틀린 표현. We do not buy the view **that** workers should overwork to make up for diminishing productivity. 우리는 감소하는 생산성을 보충하기 위해 노동자들이 초과근무를 해야 한다**는** 관점을 받아들이지 않는다. The fact **that** she's not afraid of snakes is entirely consistent with her being afraid of ~. 그녀가 뱀을 무서워하지 않는**다는** 사실은 그녀가 ~을 두려워한다는 것과 완전히 일치한다.	
14	**entire / entirely**	전체의(= whole), 완전한 / 완전히(= completely, outright)
15	**consistent with A**	A와 일치하는 = in agreement with A, in line with A
	▷ consistent → 변치 않고 일관된(= steady, constant) / consistently → 일관되게 / consistency → 일관성	
16 180 v 181	▶ 동명사의 주어를 나타내는 용법 I worried **about** Eric **becoming** dehydrated. 나는 Eric이 탈수상태가 **되는 것**에 대해 걱정했다. I worried **about** him(his) **becoming** dehydrated. 나는 그가 탈수상태가 **되는 것**에 대해 걱정했다. → '**전치사** + **동명사**' 패턴에서 '**전치사** + 동명사의 주어 + **동명사**'로 주어를 표시. → 동명사의 주어로 '명사' 또는 '대명사 목적격' 또는 '대명사 소유격'이 올 수 있다. He **doesn't mind** Ava **doing** it once in a while. 그는 Ava가 그것을 가끔 **하는 것**엔 신경을 안 쓴다. He **doesn't mind** her **doing** it once in a while. 그는 그녀가 그것을 가끔 **하는 것**엔 신경을 안 쓴다. → '**동명사를 데리고 오는 동사** + **동명사**' 패턴에서 '**동사** + 동명사의 주어 + **동명사**'로 주어를 표시. The fact is entirely consistent **with** her **being** afraid of heights, water, or the number thirteen. 그 사실은 높은 곳, 물, 또는 숫자 13을 그녀가 두려워**하는 것**과 완전히 일치한다.	
17	**heights / height / heighten**	지면으로부터 높은 곳 / 높이 / 증가되다(증가하다)
18	**More generally, ~ / more or less**	더 일반적으로 말하면 / 어느 정도는, 대략 = approximately
19	**be presented with ~**	~이 주어지다 ⇒ present A with B: A에게 B를 주다
20	**alternative explanations**	대안의(다른 = different) 설명
21	**phenomenon / phenomena**	기이한 현상(= occurrence) / phenomenon의 복수
22	**persuade / be persuaded that ~**	설득하다(= prevail on) / ~라고 설득되다
	▷ persuasion → 설득 / persuasive→ 설득력 있는(= convincing, compelling)	
23	**all but one of those explanations**	그 설명들 중 하나를 제외하고는 모두 다

어깨를 으쓱하다 **sh___**

출발(시작, 착수)하다 **get g___**

원자 / 분자 **a___ / mo___**

30	24 182 ~ 185	▶ 'all but'의 두 가지 용법 **All but** the vice-president were opposed to recruit college graduates on alternate years. 부사장을 **제외하고는 모두 다** 한 해를 건너 격년으로 대학 졸업생들을 채용하는 것에 반대했다. → all but A(명사): A를 제외하고는 모두 다 = all except A It is **all but** impossible to foresee whether there will be a surplus or a shortage of workers. 노동자들의 잉여가 있을지 부족이 있을지를 예측하는 것은 **거의** 불가능하**다**. → all but A(형용사 및 분사): 거의 A다 = almost A	
	25	**satisfactory / unsatisfactory**	만족할 만한(= acceptable) / 만족스럽지 못한
	26	**pause / pause to reflect**	잠시 멈추다, 멈춤 / 신중히 생각하기 위해 잠시 멈추다
	27	**deny that ~**	~을 부인(부정)하다 ↔ accept that~(~을 받아들이다)
	28	**remain / the remaining explanation is the correct one**	남아 있다, 유지하다 / 남아 있는 설명이 맞는 설명이다
		▷ remains → 유골(사체), 잔여물, 유적 / remainder → 남은 사람, 남은 것(=residue, remnants)	
	29	**consider whether ~**	~인지 아닌지를 고려하다
	30	**plausible options**	그럴 듯한(그럴 듯하게 가능성이 있는) 선택들
	31	**be ignored or overlooked**	무시되거나 그냥 넘겨지다
		▷ overlook → 못 보다, 무시하고 그냥 넘어가다(= neglect), 높은 곳에서 내려다보다	
	32	**fallacy of false choice misleads**	잘못된 선택의 오류는 틀린 쪽으로 믿게 만든다
		▷ mislead → 틀린 쪽으로 믿게 만들다, 속이다(= delude, fool) / misleading → 현혹하는(= deceptive)	
	33	**sufficiently / insufficiently**	충분하게 / 불충분하게
		▷ sufficient → 충분한 / insufficient → 불충분한 / deficient → 부족한, 결핍된	
	34	**attentive (to A) / incentive**	(A에) 세심하게 신경을 쓰는 / 동기를 부여하는 자극제
		▷ attend → (학교 등에) 다니다, 출석(참석)하다 / attend to A → A를 다루다, A를 치료하고 보살피다	
	35	**important hidden assumption**	숨겨져 있는 중요한 가정(추정)
	36 186	▶ 콤마 뒤에 오는 that절이 동격을 나타내는 패턴의 예 This led to a theory, **that** the appendix might serve as a safe house for beneficial bacteria. 그것은 한 이론을 생겨나게 했는데, 즉 맹장은 이로운 박테리아를 위한 은신처로 역할을 할 수 있다**는 이론이다**. The fallacy of false choice misleads when we're insufficiently attentive to an important hidden assumption, **that** the choices which have been made explicit exhaust the sensible alternatives. 잘못된 선택의 오류는 숨겨진 중요한 가정에 대해 우리가 불충분하게 신경을 쓸 때 틀린 쪽으로 믿게 만드는데, 즉 분명하다고 인식된 선택들이 합리적인 대안들을 (모두 다 써서) 없애 버린다**는 가정이다**. Whenever the same negative feelings overwhelm me, **that** I won't be able to make it because I'm not ready yet, I think about what my late mother would say to help me dispel them. 똑같은 부정적 느낌, 즉 아직 준비가 안 돼 해낼 수 없을 것이라**는 느낌**이 나를 압도할 때마다, 돌아가신 어머니는 그 느낌을 떨쳐 버리도록 나를 돕기 위해 뭐라고 말을 해 주실 지에 대해 나는 생각해 본다.	

shrug [ʃrʌg]

get going

atom [ǽtəm] / molecule [mάləkjùːl]

30	37 187 v 190	▶ 목적격 보어로 형용사를 데리고 올 수 있는 동사가 수동태로 바뀌는 패턴의 예 The choices which **have been made explicit** exhaust the sensible alternatives. **분명하다고 드러난** 선택들이 합리적인 대안들을 (모두 다 써서) 없애 버린다. → 'We **have made** the choices **explicit** ~'의 수동으로 접근. The necessity of mobilizing young voters to win the election **was made clear** to the candidates. 선거에서 승리하기 위해 젊은 유권자들을 모아야 할 필요성은 후보들에게 **분명히 인식됐다**. → 'They **made** the necessity of mobilizing young voters to win the election **clear** ~'의 수동으로 접근. The police have identified the pedestrian who **was found unconscious** near the intersection. 경찰은 그 교차로 근처에서 **의식이 없는 상태로 발견됐던** 그 보행자의 신원을 확인했다. → 'The police **found** the pedestrian **unconscious** ~'의 수동으로 접근.	
	38	**explicit**	명백한(분명한 = obvious, clear), 노골적으로 드러낸
		▷ implicit → 분명히 드러내지 않고 간접적으로 나타낸(함축적인 = implied, indirect, inferred)	
	39	**exhaust the sensible alternatives**	합리적인 대안들을 (모두 다 써서) 없애 버리다
		▷ exhaust → 지치게 만들다, 다 써 버리다(= use up), 배기가스 / exhausted → 녹초가 된(= worn-out) ▷ sensible → 합리적인(분별력 있는 = reasonable) / sensory → 감각적인 / sensitive → 예민한, 민감한	
31	1	**the role of science can sometimes be overstated**	과학의 역할은 가끔 실제보다 과장될 수 있다
		▷ overstate → 실제보다 과장해 말하다(= exaggerate) / understate → 실제보다 축소해 말하다	
	2 191 v 194	▶ 'with + A + 현재분사/과거분사'로 'A가 ~하는/~된 채로(상태에서)'를 나타내는 패턴의 예 The airplane took off with its engine **making** a loud noise and soared over the skyscrapers. 그 비행기는 엔진이 엄청난 소음을 **낸** 채로 이륙해서 고층건물들 위로 솟아올랐다. → 능동 The role of science can be overstated, with its advocates **slipping** into scientism. 과학의 역할은 과학을 지지하는 옹호론자들이 과학주의로 **빠져드는** 상태에서 과장될 수 있다. → 능동 With his sleeves **rolled** up and his forearms **exposed**, he radiated masculine self-assurance. 소매가 **말려져** 올라가고 그의 팔뚝이 **노출된** 채로, 그는 남자다운 자신감을 발산했다. → 수동	
	3	**advocate**	지지(추천)하는 옹호론자(= proponent), 옹호하다
	4	**slip into scientism**	(과학을 최고의 가치로 여기는) 과학주의로 빠져들다
		▷ slip → 미끄러지다, 실수 / slap → 찰싹 때리다 / flip → 뒤집다, 빨리 넘기다 / flap → 퍼덕거리다	
	5	▶ '명사 + that절' 형태로 '~다는[~라는] …' 등을 의미하는 동격 패턴의 예 3 Scientism is the view **that** the scientific description of reality is the only truth there is. 과학주의는 현실에 대한 과학적인 설명이야말로 존재하고 있는 유일한 진실이**라는** 관점이다.	
	6	**scientific description of reality**	현실에 대한 과학적인 설명(묘사)
	7	▶ '선행사 + **관계대명사** + 주어 및 there + be동사 및 become 등 ~' 패턴의 예 Do you admire the person **(that, who)** you are? 넌 진정한 네 본래의 존재를 존경하는가? It has become a big company **(that, which)** it is today. 그것은 오늘날의 이러한 큰 회사가 됐다. Scientism is the view that the scientific description of reality is the only truth **(that)** there is. 과학주의는 현실에 대한 과학적인 설명이야말로 존재하고 있는 유일한 진실이라는 관점이다.	

바느질하다/뿌리다 s___ / s___

영웅/영웅적인 h___ / h___

발생하다 come to p___

	No.		
31	8	**with the advance of science**	과학의 발전과 함께
	9	**there has been a tendency to+v**	~하는 경향이 있어 왔다
	10 195 v 198	▶ 접속사를 연결 고리로 2개 이상의 to+v를 잇는 패턴의 예 2 There has been a tendency **to slip** into scientism, and **(to) assume** that ~. (과학을 최고의 가치로 여기는) 과학주의**로 빠져들**면서 ~라고 **가정하는** 경향이 있어 왔다. Their plan **to distribute** flyers and **(to) run** ads on radio was turned down as too costly. 전단지를 **배포하**고 라디오에 광고를 **띄운다는** 그들의 계획은 너무 비용이 많이 든다고 거절을 당했다. During the political oppression, he chose **to remain** anonymous and **not (to) give** himself away. 정치적 억압 동안, 그는 익명인 상태를 **유지하**면서 자신의 정체를 밝히**지 않는 것**을 택했다.	
	11	**assume that any factual claim can be authenticated if and only if ~**	~하기만 한다면 사실에 바탕을 둔 그 어떤 주장도 진짜임이 입증될 수 있다고 가정하다
		▷ factual → 사실에 바탕을 둔(= true, real, genuine, authentic) ▷ authentic → 진짜의(= real, genuine), 정확하고 믿을 만한(= accurate, reliable, trustworthy) authenticate → 진짜임을 입증하다(= certify, verify, validate) / authenticity → 진짜임(= genuineness) ▷ if and only if ~ → 하기만 한다면(= only if ~, as long as ~)	
	12	**the term 'scientific' can correctly be ascribed to it**	'과학적'이라는 용어가 그것(사실에 바탕을 둔 주장)에 제대로 속하는 것으로 여겨질 수 있다
		▷ term → 용어, 기간(= period), 학기 / terms → 용어들, 계약 조건(= condition), 관계(= relationship) ▷ ascribe A to B → A가 B때문이라고 여기다, A가 (속성상) B와 관련돼 있다고 보다 = attribute A to B A is ascribed to B → A가 (속성상) B에 속하는 것으로(B와 관련돼 있다고) 여겨지다	
	13 199 v 205	▶ '주어 + be동사 + that절 ~'로 '…는 ~다는 점이다(것이다) 및 …는 ~이다'를 나타내는 패턴 1 The consequence is **that** non-scientific approaches to reality may become labelled as ~ 최종 결과는 현실에 대한 비과학적인 접근법이 ~라고 낙인이 찍힐 수 있다**는 점이다**. Their assertion is **that** journalists must not be assaulted or censored under any circumstances. 그들의 주장은 어떤 상황에서도 언론인들이 공격을 당하거나 검열을 당해서는 안 된다**는 것이다**. What I lament is **that** his handicapped son was deprived of a chance to develop his innate abilities. 내가 안타깝게 여기는 것은 장애가 있는 그의 아들이 선천적 재능을 키울 기회를 빼앗겼다**는 점이다**.	
	14	**non-scientific approaches to reality**	현실에 대한 비과학적 접근법
	15	**religion / religious**	종교 / 종교적인
	16	**personal / personality / personnel**	개인적인 / 개성, 매력적인 특성, 유명인 / 직원, 인사과
		▷ personalize → 개인 주문에 의해 만들다(= customize, tailor) / personalized → 개인에 맞춰 주문 제작된	
	17	**emotion / emotional**	감정, 정서 / 감정적인, 정서적인
	18	**value-laden ways of encountering the world**	세상과 우연히 마주치는 가치가 많이 포함된 방법들
		▷ laden → 많이 포함된 / burden → 부담(짐), 부담을 주다 / pardon → 용서(사면), 용서하다(= forgive) ▷ encounter → 우연히 마주치다(= come across, come upon, run into, bump into), 우연한 만남	

sew [sou] / sow [sou]

hero [hírou] / heroic [hiróuik]

come to pass = come about

번호		어휘	뜻
31	19	**become labelled as ~**	(부당하게) ~라고 여겨지다(분류되다)
		▷ label A (as) B → (부당하게) A를 B라고 여기다(분류하다) / label → 상표(인식표, 꼬리표), 분류	
	20	**merely**	그저, 단지 = just, only, purely, solely, simply
	21	**subjective**	주관적인 ↔ objective(객관적인)
	22	**in terms of describing ~**	~를 설명하는 관점에서
		▷ describe → 주요한 특징을 묘사(설명)하다 / description → 묘사(설명) / descriptive → 묘사(설명)하는	
	23	**the way the world is**	세상이 존재하는 방식
	24	**the philosophy of science seeks to avoid crude scientism**	(과학의 존재 방식 및 지향점 등을 다루는) 과학 철학은 완성되지 않아 미숙한 과학주의를 피하려는 시도를 한다
		▷ seek to+v → ~하려는 시도를(노력을) 하다(= attempt to+v, make an attempt to+v) ▷ avoid → 피하다(= refrain from, abstain from, keep away from, keep off) / avoidance → 회피 ▷ crude → 가공하지 않은, 아주 기본의, 완성이 안 돼 미숙한 / rude → 무례한(= impolite, ill-mannered)	
	25	**a balanced view on ~ / unbalanced**	~에 대한 균형이 잡힌 시각 / 균형이 잡히지 않은
	26	**what the scientific method can and cannot achieve**	과학적 방법이 성취할 수 있고 성취할 수 없는 것
		▷ achieve → 성취하다(= accomplish, attain) / achievement → 성취 / unachievable → 이룰 수 없는	
	27	**of little[no] account**	중요성 및 가치가 거의[전혀] 없는 = of little[no] value
		▷ take A into account → A를 고려하다 / bring(call, hold) A to account → A에게 책임을 추궁하다 account for A → A를 설명하다(= explain A), A의 원인이 되다, A(비율)를 차지하다(= constitute A)	
	28	**variation / variant**	변화(차이 = difference, dissimilarity) / 변이(변종), 변이된
	29	**bias / biased**	편견(= prejudice), 편향된 시각을 갖게 하다 / 편향된
32	1	**psychology / psychologist**	심리학 / 심리학자
	2	**he frequently analyzed children's conception of time**	그는 시간에 대한 아이들의 개념(생각)을 자주 분석했다
		▷ analyze → 분석하다 / analysis → 분석 / analytical → 분석적인(= analytic) / analyst → 분석가 ▷ conceive → 생각해내다, 임신하다 / conception → 개념(생각), 임신 / preconceived → 선입견으로 형성된	
	3	**via**	~를 통해(= through, by way of), ~를 경유해
	4	**ability to compare or estimate the time taken by pairs of events**	한 쌍으로 이뤄지는 이벤트(경기)들로 소요되는 시간을 비교하고 추정하는 능력
		▷ compare → 비교하다 / comparison → 비교 / comparative → 상대적인(= relative) ▷ estimate → 추정하다, 추정, 견적 / overestimate → 과대평가하다 / underestimate → 과소평가하다	
	5	**typical experiment / atypical**	전형적인 실험 / 전형적(일반적)이지 않은

가볍게 던지다(던지는 것) **t____**

축제의, 신나고 즐거운 **fe____**

학문적인, 이론상의 **ac____**

문항	번호	표현	뜻
32	6	**two toy cars were shown running synchronously on parallel tracks**	두 대의 장난감 자동차들이 평행한 (레이스) 트랙 위에서 동시에 달리는 것이 보였다
		▷ synchronous → 동시에 발생하는 / synchronously → 동시에 / synchronize → 동시에 발생하다 chronic → 만성의 / chronological → 시간순으로 된 / chronicle → 시간순으로 된 기록(을 작성하다) ▷ parallel → 평행한, 유사한 / paradox → 논리적 모순, 역설 / paradise → 천국 / parachute → 낙하산 unparalleled → 이제껏 없던(= unprecedented), 남보다 뛰어난(= unequalled, unmatched, unbeatable)	
	7	**be asked to judge whether ~**	~인지 아닌지를 판단(판정)하도록 요청을 받다
	8	**the cars had run for the same time**	같은 시간 동안 자동차들이 달렸다
	9	▶ 접속사를 연결 고리로 2개 이상의 to+v를 잇는 패턴의 예 3 They were asked **to judge** whether the cars had run for the same time [and] **to justify** their judgment. 아이들은 자동차들이 같은 시간 동안 달렸는지 아닌지**를 판단하**[고] 자신들의 판단**이 맞는 이유를 제시해 달라**고 요청을 받았다.	
	10	**justify their judgement**	그들의 판단이 맞는 이유를 제시하다(~을 정당화하다)
		▷ justify → 맞는 이유를 제시하다(정당화하다 = give grounds for) / justification → 정당화 justifiable → 정당한(= justified, valid, legitimate) / justice → 정의(공정) / injustice → 부정(부당함)	
	11	**preschool / preschooler**	취학 전 아동이 다니는 보육원 / 취학 전 아동
	12	**young school-age children**	어린 취학 연령 어린이들
	13	**confuse temporal and spatial dimensions**	시간상의 측정치와 공간상의 측정치를 혼동하다
		▷ confuse → 혼란스럽게 하다(= bewilder, perplex) / confuse A with(and) B → A와 B를 혼동하다 ▷ temporal → 시간의, 세속적인(= mundane, secular) / temporary → 일시적인(= momentary) ▷ space → 공간, 우주(= outer space) / spatial → 공간의 / spacious → 공간이 넓은(= sizeable) ▷ dimension → 길이·높이 등 수치(측정치), 직선·평면·공간 등 차원, 특성(측면 = aspect, feature)	
	14	**starting times are judged by starting points**	출발 시간은 출발 지점에 의해 판단된다
	15 206 v 209	▶ 동일한 패턴들이 반복될 때 be동사 및 be동사 포함 덩어리의 생략이 가능한 예 They couldn't help feeling dejected since rainfall had been abundant but food **(had been)** scarce. 강우량은 풍부했지만 식량이 부족했던 상태였기 때문에 그들은 낙담할 수밖에 없었다. Starting times are judged by starting points, stopping times **(are judged)** by stopping points and durations **(are judged)** by distance. 출발 시간은 출발 지점에 의해 , 정지 시간은 정지 지점에 의해 , 지속 시간은 거리에 의해 판단된다. The slim applicant was labeled as impersonal but the obese one √ as compassionate. = The slim applicant was labeled as impersonal but the obese one **(was labeled)** as compassionate. 날씬한 지원자는 냉정하다는 꼬리표가 붙여졌지만 과체중인 지원자는 동정심이 많다는 표리표가 붙여졌다.	
	16	**duration / durable / durability**	지속 시간(= length of time) / 오래 견디는 / 내구성
	17	**distance / distant**	거리, 관련되지 않고 거리를 두다 / 멀리 떨어진

toss [tɔːs]

festive [féstiv]

academic [ækədémik]

	No.	Expression	Meaning
32	18	**each of these errors does not necessitate the others**	(출발, 정지, 지속 등) 각각의 오류들은 다른 오류들도 함께 발생해야 한다는 것을 꼭 필요로 하진 않는다
		▷ error → 오류(실수 = fallacy) / trial and error → 시행착오 / erroneous → 잘못된(틀린 = incorrect) ▷ necessitate → ~를 꼭 필요로 하다(= demand, require, call for) / necessity → 필요성	
	19	**hence**	그래서, 그 결과 = therefore, consequently
	20	**claim that the cars started and stopped running together**	동시에 같이 그 두 자동차들이 출발해서 달리는 것을 멈췄다고 주장하다(= assert<insist> that)
		▷ stop + ~ing → ~하는 것을 멈추다(= cease + to+v) / stop + to+v → ~하기 위해 멈추다	
	21	**correct / correction**	올바른(↔ incorrect<틀린>), 수정하다 / 수정(정정)
	22 210	▶ 접속사 that이 and 및 but 등과 이어져 동일한 패턴을 이어가는 경우의 예 1 He says **(that)** he earned more than expected and **that** the gains will offset the previous losses. 그는 예상했던 것보다 더 많이 벌었으며 그 이익이 이전의 손실을 상쇄할 것이라고 말한다. → 이와 같은 패턴에서 앞의 that은 생략이 가능하나 뒤의 that은 생략하지 않는 것이 보통이다. A child may claim **(that)** the cars started and stopped running together (correct) and **that** the car which stopped further ahead, ran for more time (incorrect). 아이는 동시에 같이 그 두 자동차들이 출발해서 달리는 것을 멈췄고(올바른 판단), 훨씬 앞서 멈췄던 자동차는 더 많은 시간 동안 달렸다(틀린 판단)고 주장할 수 있다.	
	23	**the car which stopped further ahead, ran for more time**	훨씬 앞서 멈췄던 자동차는 더 많은 시간 동안 달렸다
	24 211 v 212	▶ 분사 앞에 분사의 주어를 넣는 예 1 The drought continued for six months, **depleting** the reservoirs farmers used for irrigation. 가뭄은 6개월간 지속됐는데, 농부들이 관개용수를 위해 썼던 저수지를 **고갈시켰다(고갈시킨 상태였다)**. → 분사 'depleting(고갈시켰다)'의 주어는 주절의 주어인 'The drought(가뭄)'이다. The drought continued for six months, **(with)** farmers **losing** up to half of their grain crop. 가뭄은 6개월간 지속됐는데, 농부들은 곡식 농작물의 절반까지 **잃기도 했다(잃기도 했던 상태였다)**. → 'losing(잃다)'의 주어는 'The drought(가뭄)'이 아닌 'farmers(농부들)'이다. 분사의 주어가 주절의 주어와 다르면 분사 앞에 분사의 주어를 표시해야 하고, 상황에 따라 분사의 주어 앞에 **with**를 넣을 수 있다. The wildfire was threatening the suburban community, **(with)** residents **ordered** to evacuate. = The wildfire was threatening the suburban community, **(with)** residents **(being) ordered** ~. 산불은 교외 지역을 위협하고 있었는데, 거주자들은 대피하도**록 명령을 받았다(명령을 받은 상태였다)**. → 명령을 받았으므로 과거분사(수동) 'ordered'를 썼고, ordered 앞에 being(having been)을 넣을 수 있다.	
	25	**one running faster and stopping further down the track**	한 자동차가 트랙을 따라 더 빨리 달리고 더 먼 지점에서 멈췄다(멈춘 상태였다)
	26	**both stopping at the same point further than expected**	두 자동차들이 예상됐던 것보다 더 멀리 같은 지점에서 멈췄다(멈춘 상태였다)
	27	**one keeping the same speed as the other to the end**	한 자동차가 끝까지 다른 차와 마찬가지로 같은 속도를 유지했다(유지한 상태였다)

고갈시키다 dep____

~에게 해가 되다 do ~ h____

임금(급료), 전쟁 등을 하다 w____

문항	번호	표현	뜻
32	28	**both alternating their speed but arriving at the same end**	두 자동차들이 속도를 번갈아 서로 바꿨지만 같은 끝지점에 도착했다(도착한 상태였다)
		▷ alternate → 교대로 번갈아 하다, 교대로 번갈아 배치하다, ~과 …가 번갈아 바뀌다, 교대로 번갈아 하는	
	29	**both slowing their speed and reaching the identical spot**	두 자동차들이 속도를 줄였고 동일한 지점에 도착했다(도착한 상태였다)
		▷ identical → 동일한(= exactly the same, alike, homogeneous) / optical → 광학의, 시력의, 시력을 돕는	
33	1	**the future of our high-tech goods**	첨단기술 제품들의 미래
	2	**lie in A**	문제의 본질이나 해답이 A에 있다
	3 213 ~ 219	▶ 'not A but B'로 'A가 아니라 B다(A하는 것이 아니라 B하다)'를 나타내는 예 1 The secret to happiness lies **not** in gaining more, **but** in learning to be content with less. 행복의 비밀은 더 많이 얻는 것에 있는 것**이 아니라** 덜 있으면서도 만족하는 법을 배우는 것**에** 있다. She was pondering **not** about the low wages of migrant workers **but** about loss of dignity. 그녀는 이주 노동자들의 낮은 임금에 대해서**가 아니라** 존엄성의 상실**에** 대해 신중히 생각하고 있었다. He referred **not** to the virtue of humility **but** to why it is hard for us to remain humble. 그는 겸손의 장점에 대해서**가 아니라** 왜 우리가 겸손한 상태를 유지하는 것이 힘든지**에** 대해 언급했다.	
	4	**limitations of our minds**	우리 마음의(정신의) 한계
	5	**in previous eras, such as the Iron Age and the Bronze Age**	철기 시대와 청동기 시대와 같은 이전(과거) 시대에
		▷ previous → 이전의(= past, prior) / previously → 이전에	
	6	**the discovery of new elements**	새로운 원소(요소)들의 발견
	7	**bring forth A / bring A to life**	A를 만들어내다(= produce A) / A에 활력을 불어넣다
	8	**seemingly unending numbers of new inventions**	언뜻 보기에 끝없이 이어지는 많은 수의 새로운 발명들
		▷ unending → 끝없는(= endless, ceaseless, timeless, eternal, everlasting, perpetual, never-ending)	
	9	**the combinations may be unending**	그 결합(조합)은 끝이 없는 것 같다
		▷ combine → 결합하다(= merge, integrate, incorporate, fuse) / combination → 결합(= mixture)	
	10	**witness / witness a fundamental shift in our resource demands**	목격자, 증인, 목격하다 / 우리의 자원에 대한 수요에서 근본적 변화를 목격하다
	11 220 ~ 221	▶ 도치 2: 'at no point, under no circumstances 등 부정어 덩어리 + **동사(조동사)** + 주어 ~' 형태 We **have** not **used** more elements at any point in human history. → At no point in human history **have** we **used** more elements. 인간의 역사에서 우리는 그 어떤 순간도 (지금보다) 더 많은 원소(요소)들을 써 본 적이 없었다. She **will** not **obey** him under any circumstances. → Under no circumstances **will** she **obey** him. 어떤 상황에서도 그녀는 그에게 복종하지 않을 것이다. I **have** never **felt** so sorrowful before in my life. → Never before in my life **have** I **felt** so sorrowful. 여태껏 내 삶에서 그토록 슬프게 느낀 적이 없었다.	

33	12	**in more combinations, and in increasingly refined amounts**	더 많은 결합(조합)으로, 그리고 점점 더 정확한 양으로
		▷ refine → 불순물을 없애고 정제하다, 더 세련되게 개선하다 / refined → 정제된, 정확한, 품행이 세련된	
	13	**our ingenuity will soon outpace our material supplies**	우리의(우리 인류의) 기발한 능력은 물질적 공급을 속도 면에서 조만간 능가할 것이다
		▷ ingenious → 기발한(= innovative) / ingenuity → 기발·참신함(= inventiveness) / genius → 천재 ▷ outpace → ~보다 속도 및 성장 등이 더 빠르다(= surpass, exceed) / pace → 속도(를 맞추다) outdo → ~보다 더 잘하다(= outmatch, outstrip, surpass) / undo → 되돌리다, 풀다(끄르다) outrun → ~보다 더 잘(빨리) 달리다(= run faster than, outpace) outnumber → ~보다 더 수가 많다 outweigh → ~보다 더 무겁다(비중 및 중요성이 더 크다) / weigh → 무게가 ~이다, 비중을 두다 outgrow → 몸이 자라서 ~보다 더 커지다, 성숙해져 ~을 더 이상 하지 않다	
	14	**this situation comes at a defining moment when ~**	이 상황(많은 원소들을 조합하고 정확히 만드는 기술이 실현되고 있는 상황)은 ~인 결정적 순간에 찾아오고 있다
		▷ defining moment → 결정적인 순간(= decisive moment) / defining feature → 결정적인 특징	
	15 222 v 224	▶ 시간 명사(선행사)를 수식하는 when의 용법 There was a time **when** I felt timid and apprehensive when I had to surpass my previous record. 내 이전 기록을 능가해야 했을 때 난 소심해지면서 불안하게 느꼈**던** 때가 있었다. This situation comes at a defining moment **when** the world is struggling to reduce its reliance on fossil fuels. 이 상황은 세계가 화석 연료에 대한 의존을 줄이고자 안간힘을 쓰**고 있는** 결정적 순간에 찾아오고 있다.	
	16	**the world is struggling to reduce its reliance on fossil fuels**	(석탄 및 석유 같은) 화석 연료에 대한 의존을 줄이려고 세계가 안간힘을 써서 노력하고 있다
		▷ struggle to+v → 애써 노력하다 / wriggle → 꿈틀거리다(= wiggle) / mingle → 섞(이)다 / tangle → 엉키다 ▷ reduce → 줄이다(= decrease, diminish, curtail) / reduction → 감소 ▷ rely on A → A에 의존하다(= depend on A) / reliance on A → A에 대한 의존	
	17	**rare metals are key ingredients in green technologies such as ~**	희귀한 금속은 ~와 같은 친환경적인 기술에서 아주 중요한 재료(원료)다
		▷ rare → 희귀한, 덜 익은 / bare → 발가벗은, 안 가린, 텅 빈, 최소한의 / bare minimum → 최소한의 양	
	18	**electric cars, wind turbines, and solar panels**	전기 자동차, 풍력발전 회전 터빈, 그리고 (빛에너지를 전기 에너지로 바꾸는) 태양 전지판
		▷ solar → 태양의 / lunar → 달의 / polar → 극지방의, 정반대의(⇒ polarize: 양극화시키다, 대립시키다)	
	19	**convert A into B / conversion**	A를 B로 전환하다(= change, transform) / 변환(전환)
		▷ converse → 반대의(= opposite, reverse), 대화하다 / conversely → (앞의 언급과는) 정반대로	
	20	**free natural resources like the sun and wind**	태양과 바람 같은 비용을 지불하지 않고 얻을 수 있는 천연 자원

정돈하다, 단정(깔끔)한 ti____

~에게 득이 되다 do ~ g____

경험이 부족한, 미숙한 ine____

tidy [táidi] = neat

do ~ good

inexperienced [inikspíəriənst]

33	21	the power that fuels our lives	우리의 생활(생존)에 필요한 연료를 공급하는 전력
	22	without increasing today's limited supplies	오늘날의 제한된 (자원 등의) 공급을 늘리지 않고서는 (늘리는 것 없이는)
	23	we have no chance of developing ~	~를 개발할 가능성은 우리에게 전혀 없다
	24	the alternative green technologies we need	우리가 필요로 하는 대안의 친환경 기술들
	25	▶ to+v가 '~하기 위해'를 의미하는 예 1 Without increasing today's limited supplies, we have no chance of developing the alternative green technologies we need **to slow(= in order to slow = so as to slow)** climate change. 오늘날의 제한된 (자원 등의) 공급을 늘리지 않고서, 기후 변화를 **늦추기 위해** 우리가 필요로 하는 대안의 친환경 기술들을 개발할 가능성은 우리에게 전혀 없다.	
	26	slow climate change	기후 변화를 늦추다
	27	ability to secure the ingredients to produce them	그것들(첨단기술 제품들)을 생산해기 위한 재료(원료)를 확실히 확보할 수 있는 능력
	28	our effort to make them as eco-friendly as possible	그것들(첨단기술 제품들)을 가능한 한 자연 친화적으로 만들고자 하는 우리의 노력
	29	wider distribution of innovative technologies	혁신적인 기술들의 더 폭넓은 확산
		▷ distribute → 분배하다(나눠주다), 배달하다, 유통시키다 / distribution → 분배, 배달, 유통, 확산 ▷ innovate → 혁신하다 / innovation → 혁신 / innovative → 혁신적인(= groundbreaking, pioneering)	
	30	governmental policies not to limit resource supplies	자원의 공급을 제한하지 않는 정부의 정책들
	31	constant update and improvement of their functions	변치 않고 지속적인 업데이트와 그것들(첨단기술 제품들)의 기능 개선(향상)
		▷ constant → 변하지 않는(= consistent, steady, invariable), 지속적인(=continuous, persistent) inconstant → 쉽게 자주 변하는(= variable, fluctuating, inconsistent, mutable)	
34	1	there have been many attempts to define what music is in terms of ~	~의 관점에서 음악이 무엇인지를 정의하려는 많은 시도가 있어 왔다
		▷ attempt → 시도(노력)하다, 시도(노력) / attempt to+v → ~하려고 시도(노력)하다, ~하려는 시도 ▷ define → 정의하다, 분명히 보여주다 / definition → 정의 / by definition → 본질적으로, 정의에 따라	
	2	specific attributes of musical sounds	음악 소리의 구체적인 (본질적이고 중요한) 특성
		▷ specific → 특정한(특유의= particular), 구체적이고 정확한(= precise) / Pacific → 태평양(Pacific Ocean)의 ▷ attribute → (본질적이고 중요한) 특성(= quality, feature) / attribute A to B → A를 B 때문이라고 여기다	
	3	critic / criticize / critical	비평가, 비판론자 / 비판하다 / 비판적인, 아주 중요한

34	4	**regard 'the measurable tone' as 'the primary and essential condition of all music'**	측정 가능한 소리(음조)를 모든 음악의 근본적이면서 필수적인 조건으로 여기다
		▷ measure → 조치(수단), 측정하다 / measurable → 측정 가능한 / immeasurable → 측정 불가능한 ▷ essence → 본질 / essential → 근본적인(= fundamental), 필수적인(= crucial, vital, indispensable)	
	5	**can be distinguished from ~**	~로부터 구별될 수 있다
	6 225 v 227	▶ 앞에 나온 명사를 단수로 받아주는 that, 복수로 받아주는 those 2 The odds are that your definition of envy or jealousy will be dissimilar to **that** of other people. 당신의 부러움 또는 질투의 정의는 다른 사람들의 **그것(부러움 또는 질투의 정의)**과 다를 가능성이 높다. Musical sounds can be distinguished from **those** of nature by the fact that they involve the use of fixed pitches. 음악의 소리들은 그것들(음악의 소리들)이 음의 고정된 높낮이의 사용을 포함한다는 사실로 인해 (인위적이지 않고 자연스럽게 나오는) 자연의 **그것들(소리들)**과 구별될 수 있다.	
	7	▶ '명사 + that절' 형태로 '~다는[~라는] …' 등을 의미하는 동격 패턴의 예 4 Musical sounds can be distinguished from those of nature by the fact **[~~which~~ / that]** they involve the use of fixed pitches. 음악의 소리들은 그 소리들이 음의 고정된 높낮이의 사용을 포함한**다는** 사실로 인해 (인위적이지 않고 자연스럽게 나오는) 자연의 소리들과 구별될 수 있다. → 완전한 문장을 가져오므로 접속사 that이 맞다	
	8	**involve**	~를 포함하다(= include), ~에 관여하게 하다(= associate)
	9	**the use of fixed pitches**	고정된 음의 높낮이의 사용
		▷ pitch → (공) 던지다, 음의 높낮이 / ditch → 도랑, 버리다(= abandon) / itch → 가렵다 / itchy → 가려운	
	10	**whereas ~**	~인 반면에
	11	**virtually all natural sounds consist of constantly fluctuating frequencies**	거의 실제로 모든 (인위적이지 않은) 자연의 소리들은 지속적으로 불규칙하게 변하는 소리의 진동수로 구성된다
		▷ virtual → 가상의, 거의 실제에 가까운 / virtually → 거의 실제로(= very nearly) ▷ consist of A → A로 구성되다(= be composed of A) / A consist in B → A의 핵심은 B에(B하는 데) 있다 ▷ fluctuate → 불규칙하게 변동하다 / punctuate → 구두점을 찍다 / be punctuated → 수시로 중단되다	
	12	**a number of writers**	몇몇의 작가들 = several writers
	13	**assume / perfume / fume**	추정하다, 떠맡다, 특성 등을 띠다 / 향수 / 연기, 분노하다
		▷ assume that → ~라고 추정하다(= suppose that ~) / assumption → 추정, 가정	
	14	**fixed pitches are among the defining features of music**	음의 고정된 높낮이는 음악의 결정적 특징들에 속해 있다
		▷ feature → 특징(= characteristic, attribute, quality, property, trait), 특집 기사, ~을 특징으로 하다	
	15	**it is true that ~**	~는 사실이다 → it은 가주어, that절은 진주어
	16	**the world's musical cultures**	세계의 음악 문화

안내하다, 생겨나게 하다 us____

독창성이 없는 상투적 표현 cli____

특정 지역의 식물들 ve____

usher [ʌ́ʃər]

cliché [kliʃéi]

vegetation [vèdʒətéiʃən]

34

No.	Expression	Meaning
17	**generalize / generalization**	특정한 개별 사례들을 더 큰 범위로 일반화하다 / 일반화
18	▶ 앞에 나온 명사(대명사)를 받아주는 대명사의 예 5 This is a generalization about **music** and not a definition of **it**. 이것은 **음악**의 일반화이지 **그것(음악)**의 정의는 아니다.	
19 228 v 230	▶ '…, for ~'가 '…인데, (그 이유는) ~때문이다'를 의미하는 패턴으로 쓰이는 예 He was dismissed from his job, **for(= because, since, as)** he had tried to deceive his supervisors. 그는 직장에서 해고됐는데, **(그 이유는)** 상사들을 속이려고 **했기 때문이다**. This is a generalization about music and not a definition of it, **for** it is easy to put forward counter-examples. 이것은 음악의 일반화이지 음악의 정의는 아닌데, **(그 이유는)** 반대의 예를 제시하는 것이 쉽**기 때문이다**.	
20	**put forward A**	A(계획 및 생각 등)를 제안(제시)하다 = propose(offer) A
21	**counter-example / counterfeit**	반대의 예 / 지폐 등을 위조하다(= forge), 위조(= fake)
	▷ counter → 카운터, 대응하다, 반대 작용으로 약화시키다, 반대의 / counterclockwise → 시계 반대방향으로 counterattack → 역습 / countermeasure → 대응 조치 / counteract → 반대 작용으로 약화시키다	
22	**instance / for instance**	사례(= example, case) / 예를 들어(= for example, e.g.)
23	**fluctuate constantly around the notional pitches**	실제가 아닌 개념상 존재하는 소리의 높낮이 주변에서 지속적으로 불규칙하게 변동하다
	▷ notion → 개념(생각 = concept) / notional → 실제가 아닌 개념상의(= conceptual, abstract)	
24 231 v 236	▶ 덩어리 표현을 알고 있으면 도움이 되는 관계대명사 패턴의 예 He illuminated the core principles **according to which** his followers should act at any price. 그는 어떤 일이 있어도 꼭 자신의 추종자들이 **따라서** 행동해야 **하는** 핵심 원칙들을 분명히 설명했다. → His followers should act **according to** the core principles. 그의 추종자들은 그 핵심 원칙들**에 따라서** 행동을 해야 한다. These are the ubiquitous standards **in terms of which** virtue and vice can be assessed. 이것들은 **바탕으로 삼아** 선과 악이 평가(판단)될 수 **있는** 보편적인 기준들이다. → Virtue and vice can be assessed **in terms of** these ubiquitous standards. 선과 악은 그 보편적인 기준들**을 바탕으로 삼아(~ 관점에서)** 구별될 수 있다. Japanese shakuhachi music and the sanjo music of Korea fluctuate constantly around the notional pitches **in terms of which** the music is organized. 일본의 샤쿠하치와 한국의 산조는, **바탕으로 삼아** 그 음악이 구성돼 **있는** 개념상 존재하는 소리의 높낮이 주변에서 지속적으로 불규칙하게 변동한다. → The music is organized **in terms of** the notional pitches. 그 음악은 개념상 존재하는 소리의 높낮이**를 바탕으로 삼아(~ 관점에서)** 구성돼 있다.	
25	**organize / be organized**	조직(구성)하다, 배열하다(= arrange) / 조직(구성, 배열)되다
26	**not so much artificially fixed as naturally fluctuating**	인위적으로 정해졌다기보다는 자연스럽게 상하로 변동하는
	▷ not so much A as B → A라기보다는 B다(= not A so much as B) ▷ artificial → 인공적인, 인위적인, 진실되지 않은(가짜의) / official → 공식적인 / unofficial → 비공식적인	

34	27	**not only fixed, but organized into a series of discrete steps**	고정돼 있을 뿐만 아니라 계속 이어진 명백히 구별된 단계들로 구성돼 있는
		▷ discrete → 명백히 구별된(= separate, distinct) / discreet → 조심스럽고 신중한, 눈에 띄지 않는	
	28	**hardly considered a primary compositional element of music**	음악의 근본적 구성상의 요소로 좀처럼 여겨지지 않는
		▷ compose A → A를 구성하다(= make up A) / composition → 구성 / compositional → 구성상의	
	29	**highly diverse and complicated, and thus are immeasurable**	굉장히 다양하면서 복잡한, 그래서 측정할 수 없는
	30	**a vehicle for carrying unique and various cultural features**	독특하고 다양한 문화적 특징들을 지니기(전하기) 위한 수단
		▷ vehicle → 차량, 전달·표출·달성하기 위한 수단(= medium, means, way, channel)	
35	1	**although commonsense knowledge may have merit**	합리적이고 상식적인 차원에서의 지식은 장점(강점)을 갖고 있을 수 있지만
		▷ common sense → 합리적이고 상식적인 판단 능력 / commonsense → 합리적이고 상식적인 ▷ merit → 장점, 강점(= advantage, strength) / demerit → 단점, 좋지 않은 점	
	2	**weak / weaknesses**	약한 / 약점(결함 = flaw, defect, weak point)
	3	**…, not the least of which is ~**	(앞에서 언급한) … 중 아주 중요한 것은 ~다
	4 237 v 239	▶ '주어 + be동사 + that절 ~'로 '…는 ~다는 점이다(것이다) 및 …는 ~이다'를 나타내는 패턴 2 She has a few peculiarities, one of which is **that** she indulges in shopping when ill at ease. 그녀는 몇 가지 특이한 점들이 있는데, 그것들 중 하나는 불안해 할 때 맘껏 쇼핑을 한다**는 점이다**. Although commonsense knowledge may have merit, it also has weaknesses, not the least of which is **that** it often contradicts itself. 합리적이고 상식적인 차원에서의 지식은 장점을 갖고 있긴 하지만, 그것은(그 지식은) 또한 약점도 갖고 있는데, (앞에서 언급한) 그 약점 중 아주 중요한 것은 그 지식이 종종 스스로 모순을 드러낸다**는 점이다**.	
	5	**contradict oneself**	(말과 행동 면에서) 스스로 모순을 드러내다
		▷ contradict → 반박하다, 정반대로 모순되다 / contradiction → 반박, 모순 / contradictory → 모순되는	
	6	**people who are similar will like one another**	비슷한 사람들이 서로를 좋아할 것이다
		▷ similar → 비슷한(= alike) / dissimilar → 비슷하지 않은(= different) / similarity → 유사함	
	7	**Birds of a feather flock together**	같은 부류의 사람들끼리 모인다, 유유상종
		▷ feather → 깃털 / leather → 가죽 / further → 더 먼, 추가적인, 촉진·발전시키다 / gather → 모이다, 모으다 ▷ flock → 한꺼번에 모이다, 떼(무리 = herd) / block → 막다, 블록 / mock → 흉내를 내며 조롱하다	
	8	**persons who are dissimilar will like each other**	비슷하지 않은(다른) 사람들이 서로를 좋아한다

무릎 / 무릎을 꿇다 k___ / k___

혼합(복합), 혼합의 com___

장면 / 풍경 sc___ / sc___

<table>
<tr><td rowspan="24">35</td><td rowspan="2">9</td><td>attract / Opposites attract</td><td>끌어당기다, 매혹하다(= lure) / 정반대끼리 서로 끌린다</td></tr>
<tr><td colspan="2">▷ oppose → 반대하다(= object to, be opposed to) / opposition → 반대 / opposite → 반대, 반대의</td></tr>
<tr><td rowspan="2">10</td><td>we are told that groups are wiser and smarter than individuals</td><td>우리는 개인들보다 단체들이 더 현명하고 영리하다는 말을 듣는다</td></tr>
<tr><td colspan="2">▷ individual → 개인, 개인의 / individuality → 개성(= peculiarity) / individualism → 개인주의</td></tr>
<tr><td>11</td><td>Two heads are better than one</td><td>서로 힘을 합치는 것이 혼자 하는 것보다 더 낫다</td></tr>
<tr><td>12</td><td colspan="2">▶ 접속사 that이 and 및 but 등과 이어져 동일한 패턴을 이어가는 경우의 예 2
We are told that groups are wiser and smarter than individuals but also that group work inevitably produces poor results.
우리는 개인들보다 단체들이 더 현명하고 영리하지만 또한 단체 작업은 필연적으로 형편없는 결과를 낳는다는 말을 듣는다.</td></tr>
<tr><td rowspan="2">13</td><td>group work inevitably produces poor results</td><td>단체 작업은 필연적으로 형편없는 결과를 낳는다</td></tr>
<tr><td colspan="2">▷ inevitable → 피할 수 없는(= unavoidable, inescapable) / inevitably → 불가피하게, 필연적으로</td></tr>
<tr><td rowspan="2">14</td><td>Too many cooks spoil the broth</td><td>요리사들이 너무 많으면 오히려 수프를 망친다</td></tr>
<tr><td colspan="2">▷ spoil → 망치다(손상시키다 = damage, impair, undermine) / spoiled → 응석받이로 자라 버릇이 없는</td></tr>
<tr><td>15</td><td>hold true / each of the contradictory statements may hold true</td><td>계속 사실이다(딱 들어맞는다) / 이런 각각의 정반대로 모순되는 표현들은 여전히 계속 맞는 말일 수 있다</td></tr>
<tr><td>16</td><td>under particular conditions</td><td>특정한 상황에서 = under particular situations</td></tr>
<tr><td>17</td><td>without a clear statement of ~</td><td>~에 대한 분명한(= obvious, distinct) 표현(언급)이 없다면</td></tr>
<tr><td>18</td><td colspan="2">▶ 의문사 덩어리가 '~하는 것' 등의 의미로 명사절을 형성하는 예 2
Without a clear statement of when they apply and when they do not, aphorisms provide little insight into relations among people.
그것들이 언제 적용되고 언제 적용되지 않는지에 대한 분명한 표현(언급)이 없다면, 격언들은 사람들 사이에서의 관계를 깊이 있게 파악하는 통찰력을 거의 주지 못한다.</td></tr>
<tr><td>19
240
v
243</td><td colspan="2">▶ '일반동사를 받아주는 do, does, did / be동사를 받아주는 be, is, are, was, were' 패턴의 예 2
Without a clear statement of when the aphorisms apply and when they do not, ~
= Without a clear statement of when the aphorisms apply and when they do not apply, ~
그 격언들이 언제 적용되고 언제 적용되지 않은지에 대한 분명한 표현(언급)이 없다면, ~
I thought what he said was a compliment, but it wasn't. It was a sly satire to scorn me.
= I thought what he said was a compliment, but it wasn't a compliment. It was a sly satire ~
나는 그가 말한 것을 칭찬이라고 생각했지만, 그것이 아니었다. 그것은 나를 깔보는 교활한 풍자였다.</td></tr>
<tr><td rowspan="2">20</td><td>aphorisms provide little insight into relations among people</td><td>격언(경구)들은 사람들 사이에서의 관계를 깊이 있게 파악하는 통찰력을 거의 주지 못한다</td></tr>
<tr><td colspan="2">▷ insight → 직관으로 예리하게 파악하는 능력, 통찰력 / insightful → 예리한 통찰력을 지닌
catch sight of A → A를 (눈으로) 발견하다 / lose sight of A → A를 시야에서 놓치다</td></tr>
</table>

knee [niː] / kneel [niːl]

composite [kampázət]

scene [siːn] / scenery [síːnəri]

35	21	**that is why we heavily depend on aphorisms**	그것은 우리가 격언들에 상당히 의존하는 이유다
	22	**whenever we face difficulties and challenges**	우리가 어려움들과 도전해야 할 장애물들에 직면할 때마다
	23	**in the long journey of our lives**	우리 삶의 긴 여정(여행)에서
	24	**they provide even less guidance**	그것들은(격언들은) 훨씬 덜한 안내(지침)을 제공하다
		▷ even number → 짝수(↔ odd number<홀수>) / get even → 똑같이 복수하다 / even so → 그렇다 해도 ▷ guide → 안내(인도)하다 / guidance → 안내, 지침(= counseling) / misguided → 잘못 안내(인도)된	
	25 244 v 246	▶ 앞의 장소 및 상황을 이어 설명하는 where 또는 in which가 들어간 패턴의 예 1 Aphorisms provide even less guidance in situations **where(= in which)** we must make decisions. 격언들은 우리가 결정을 내려야 하는 상황에서 훨씬 덜한 안내만을 제공한다(안내를 제대로 못한다). → where는 장소 명사와 함께 situation처럼 상황이 존재(발생)하는 명사를 수식(연결)하는 기능을 한다. He was struck by the special effects **where(= in which)** overlapping images converged into one. 그는 서로 겹치는 이미지들이 하나로 합쳐졌던(수렴됐던) 특수 효과들에 큰 인상을 받았다.	
	26	**when facing a choice that entails risk**	위험을 수반하는(가지고 오는) 선택에 직면할 때 = when faced(confronted) with a choice that entails risk
		▷ entail → ~을 수반하다(가져오다 = carry, involve) / retail → 소매(의) / curtail → 줄이다(= cut back)	
	27	**guideline**	안내, 지침 = advice, direction, instruction, suggestion
	28	**Nothing ventured, nothing gained**	위험을 감수하고 도전하지 않으면 얻는 것도 없다
		▷ venture → 위험을 감수하고 도전하다, 모험(= adventure, exploration) ▷ gain → 얻다(획득하다 = obtain, acquire, secure, earn, come by), 이득(= profit, income, earnings)	
	29	**Better safe than sorry**	나중에 후회하기보다는 미리 안전을 챙기는 것이 낫다
		▷ Better late than never → 아예 하지 않는 것보다는 늦더라도 하는 것이 낫다	
36	1	▶ 'assume, believe, consider, think, say 등 생각 표현 동사들의 수동태 + to+v' 패턴의 예 2 Movies may **be said to support** the dominant culture and **to serve as** a means for its reproduction. 영화는 지배적 문화를 **받쳐 주고** 그 문화의 재생을 위한 수단**으로서 기능한다고 언급될 수 있을 것이다**. → 'be assumed[believed, said] to+v'는 '~라고 여겨지다[믿어지다, 언급되다]' 등을 의미한다.	
	2	**support the dominant culture**	지배적인(가장 강력하고 영향력 있는) 문화를 받쳐 준다
	3	**serve as a means for its reproduction over time**	오랜 기간 동안 그것의(지배적인 문화의) 재생을 위한 수단으로서 기능을 한다
		▷ serve as A → A로서 역할(기능)을 하다 / serve to+v → ~하는 역할을 하다, ~한 결과를 가져오다 ▷ means → 수단(= vehicle), 재산(= wealth) / meaning → 의미 / mean → 의미하다, 잔인하고 못된 beyond one's means → 분수에 넘치는 / by means of A → A를 써서 / by no means → 결코 ~아닌 ▷ reproduce → 똑같이 재현(재생)하다, 번식하다 / reproduction → 재현(재생), 번식	
	4	**the bad guys are usually punished**	나쁜 녀석들(악당들)은 대개 처벌을 받는다
		▷ punish → 처벌하다(= penalize) / punishment → 처벌 / administer punishment → 처벌을 가하다	

잡아끌다, 운반하다 ha___

행성 / 혜성 pl___ / co___

아기 요람, 탄생(발상)지 cr___

36	5	**the romantic couple almost always find each other**	사랑에 빠진 커플은 거의 항상 서로를 찾아낸다
	6	**despite + 명사(동명사)**	~에도 불구하고 = in spite of + 명사(동명사)
	7	**the obstacles and difficulties they encounter on the path to true love**	진정한 사랑으로 이르는 길에서 그들이 우연히 마주치는 장애물과 고난
		▷ obstacle → 장애물(= hindrance, barrier, hurdle) / spectacle → 멋진 광경, 장관	
	8	**The way we wish the world to be is how, in the movies, it more often than not winds up being.**	세상이 그렇게 됐으면 하고 우리가 바라는 모습(방식)은 영화들 속에서 보통은 그것(세상)이 결국 존재하게 되는 모습(방식)이 된다
		▷ more often than not → 보통은(대개 = usually, typically, as often as not) ▷ wind [waind] up ~ing → 결국 ~이 되다(= end up ~ing) / unwind [ʌnwáind] → 실을 풀다, 긴장을 풀다	
	9	**no doubt ~ / doubtless**	~는 (의심의 여지가 없이) 확실하다 / 의심의 여지가 없는
	10 247 v 248	▶ 'it is A that B ~'이 'B인 것은 바로 A다'를 뜻하며 명사, 장소, 시간 등을 강조하는 예 No doubt **it is** this utopian aspect of movies **that** accounts for why we enjoy them so much. 우리가 영화들을 왜 그렇게 많이 즐기는지에 대한 이유를 설명하는 것은 **바로** 이러한 영화의 이상적인 측면**이라**는 것은 확실하다. **It was** when they were about to withdraw support for him **that** he announced a revised plan. 그가 수정된 계획을 발표했던 것은 **바로** 그들이 그에 대한 지지를 막 철회하려고 했던 때**였다**.	
	11	**utopian aspect of movies**	영화의 이상적인(= idealistic) 측면(특성 = feature)
	12	**account for why we enjoy them**	우리가 그것들을 왜 즐기는지에 대한 이유를 설명하다
	13	▶ '주어 + be동사 + that절 ~'로 '…는 ~다는 점이다(것이다) 및 …는 ~이다'를 나타내는 패턴 3 The simple answer to this question is **that** movies do more than present two-hour civics lessons or editorials on responsible behavior. 이 질문에 대한 가장 간단한 답은 영화는 시민의 권리와 의무를 다루는 2시간 길이의 시민론 수업들 또는 책임감 있는 행동에 대해 쓴 신문 사설들을 보여주는 것 이상의 더 많은 것을 한다**는 점이다**.	
	14	**movies do more than present ~**	영화는 ~를 보여주는 것 이상의 더 많은 것을 한다
	15	**civic / civics lesson**	시민(시)의 / 시민의 권리와 의무를 다루는 시민론 수업
	16	**editorials on responsible behavior**	책임감 있는 행동에 대해 쓴 신문 사설
	17 249	▶ '동사 + 목적어 + 목적격 보어'에서 목적어가 관계사 수식을 받는 선행사로 변하는 패턴 Movie also tell *stories*. In the end, we find *stories* satisfying. → Movies also tell *stories* **that**, in the end, we find √ satisfying. 영화들은 또한 결국에 우리가 만족스럽다고 생각하는 *이야기들*을 말해 준다. He showed me *his big piggy bank*. He had kept *his big piggy bank* hidden for a rainy day. → He showed me *his big piggy bank* **(that)** he had kept √ hidden for a rainy day. 그는 상황이 좋지 않을 때를 대비해 숨겨진 채로 간직했던 *커다란 돼지저금통*을 나에게 보여줬다. ⇒ that은 '√ 자리에 있었지만 선행사로 올라간 목적어를 받아주는 목적격 관계사'이므로 생략이 가능.	

haul [hɔːl]

planet [plǽnət] / comet [kά:mət]

cradle [kréidl]

문항	번호	표현	뜻
36	18	**one may ask why audiences would find such movies enjoyable**	누군가는 왜 관중이(청중이) 그런 영화가(그런 영화를) 재미있다고 생각하는지를 물어 볼 수 있을 것이다
	19 250	▶ 'all ~, what ~, the only ~, the 최상급 ~ + be동사' 뒤에 보어로 **동사**가 따라올 때의 특징 What we have to do is **(to) unearth** evidence. 우리가 해야 할 것은 증거를 **찾아 내는 것**이다. → 이 형태에서 보어로 따라오는 동사는 동사원형과 to+v 형태가 모두 가능하다. All such movies do is **(to) give** cultural directives and prescriptions for proper living. 그런 영화들이 주는 유일한 것은 문화적인 공식적 지침과 올바른 삶을 위한 권장 사항을 **주는 것**이다. → 이 형태에서 쓰이는 'all'은 'the only thing(유일한 것)'을 뜻한다.	
	20	**cultural directive**	문화적인 공식적 지침 및 명령(= official instruction)
	21	**prescriptions for proper living**	올바른 삶을 위한 권장(권고, 추천 = recommendation)
		▷ prescribe → 약 등을 처방하다, 공식적으로 규정하다 / prescription → 처방, 공식적 권장(권고, 추천)	
	22	**likely / be likely to+v**	아마도(= probably) / ~할 것 같다(= be liable to+v)
	23	**grow tired of such didactic movies**	그런 교훈적인 영화들에 싫증이 나는 상태로 변하다
	24	**come to see them as propaganda**	그것들을 정치적 선전으로 여기게 되다
		▷ come(get) + to+v → ~하게 되다 ▷ see A as B → A를 B로 여기다(= think of<view, regard, take> A as B, consider A (as) B) ▷ propaganda → 편향되고 오류가 있는 정치적 선전	
	25	**similar to the cultural artwork that was common in the Soviet Union**	(1991년에 해체됐던) 소비에트 연방에서 흔했던 문화적 예술작품과 유사한
		▷ common → 일반적인(흔한 = commonplace), 공통된 / uncommon → 흔치 않은	
	26	**autocratic societies / autocrat**	독재적인 사회 / 독재자(= dictator, tyrant)
37	1	**tradition / traditional / traditionally**	전통 / 전통적인 / 전통적으로
	2	**primary goal**	중요하고 근본적인(= essential, principal) 목표(= aim, end)
	3	**historian of science**	과학사를 연구하는 역사학자
	4	**clarify and deepen ~**	~를 쉽게 이해되도록 분명히 설명하고 심화시키다
		▷ clarify → 분명히 설명해 주다(= make clear, spell out, shed light on) / clarification → 분명한 설명	
	5 251 v 253	▶ 2개 이상의 동사들이 접속사를 연결 수단으로 동일한 목적어와 이어지는 패턴 1 They were asked if they **were satisfied with** or **regretted** having undergone cosmetic surgery. 그들은 성형수술을 받았던 것을 **만족스럽게 여기는지** 아니면 **후회하는지**에 대해 질문을 받았다. The primary goal of historians of science was '**to clarify** and **(to) deepen** an understanding of contemporary scientific methods or concepts by displaying their evolution'. 과학사를 연구하는 역사학자들의 근본적인 목표는 '현대의 과학적 방법들 또는 개념들의 발전을(진화를) 보여줌으로써 그것들의 이해를 **쉽게 분명히 설명하는 것**과 **심화시키는 것**'이었다. → 'be동사 + to+v'로 '~하는 것이다'를 의미하는 패턴에서 2개의 to+v가 'an understanding'을 동일한 목적어로 연결하고 있다. 'to deepen'에서 to는 생략될 수 있다.	

재치기하다 **sn___**

튼튼한, 강한 **ro___**

A에 따라 **in ac___ with A**

sneeze [sni:z]

robust [roubʌ́st] = sturdy

in accordance with A

37	6	**contemporary scientific methods or concepts**	현대의 과학적 방법들 또는 개념들
		▷ contemporary → 현대의(= present-day), 동시대의(같은 시대에 존재하는)	
	7	**by displaying their evolution**	그것들의 발전을(진화를) 보여줌으로써
	8	**some discoveries seem to entail ~**	어떤 발견들은 ~을 수반하는(가지고 오는) 듯 보인다
	9	**numerous phases and discoverers**	수많은(= countless) 단계들(= stages)과 발견자들
	10	▶ '~, — of which[whom] …'이 포함된 패턴의 예 1 Some discoveries entail numerous phases and discoverers, **none** of [~~them~~ / which] can be identified as definitive. 어떤 발견들은 수많은 단계들과 발견자들을 수반하는데, 그것들 중 **어떤 것도** 논쟁의 여지없이 최종적인 것으로 확인될 수 **없다**. → 이 패턴에서 which 및 whom자리에 them 같은 일반 대명사는 못 들어간다. ▷ ~, none of which[whom] … → ~인데, 그것들[그 사람들] 중 어떤 것[어떤 사람]도 …이 아니다 ▷ ~, one of which[whom] … → ~인데, 그것들[그 사람들] 중 한 개는[한 명은] …이다 ▷ ~, both of which[whom] … → ~인데, 그것들 두 개 다[그들 두 명 다] …이다	
	11	**be identified as definitive**	논쟁의 여지없이 최종적인 것으로 확인(식별)되다
		▷ definitive → 논쟁의 여지없이 최종적인(최고 수준으로 완성된 = conclusive), 가장 권위적인	
	12	**the evaluation of past discoveries and discoverers according to ~**	~에 따른(맞춘) 과거의 발견들과 발견자들에 대한 평가
		▷ according to A → A에 따라(= in line with A), A에 따르면 / accord → 일치, 일치하다(~ with) accordingly → 그에 따라, 그래서 / of its own accord → 저절로 / of one's own accord → 자발적으로	
	13	**present-day standards**	현대의(= contemporary) 기준
	14	▶ 주어와 동사가 멀리 떨어져 있어 동사 파악이 혼동되는 예 4 **The evaluation** of past discoveries and discoverers according to present-day standards **[~~do~~ / does]** not allow us to see how significant they may have been in their own day. 현대의 기준에 따른 과거의 발견들과 발견자들에 대한 **평가는** 그 발견들과 발견자들이 실제로 존재했던 시기에 과연 얼마나 중요했을 것인지를 우리가 인식할 수 있도록 해 **주지 못한다**.	
	15	**significant**	아주 중요한(= noteworthy), 규모 등이 상당한(= appreciable)
	16 254 v 255	▶ may(might) have + 과거분사: ~했을 것이다 / may(might) not have + 과거분사: ~안 했을 것이다 This indicates how significant it **may have been** to remain modest about what they attained. 이것은 그들이 성취한 것에 대해 겸손한 상태를 유지하는 것이 얼마나 중요했을 **것인지**를 보여준다.	
	17	**in their own day / the other day**	그것들이 실제로 존재했던 시기에 / 최근에, 얼마전에
	18	**this entailed relating ~**	이것은 ~에 대해 이야기하는(설명하는) 것을 수반했다
		▷ relate → ~에 대해 이야기하다(설명하다), A와 관련되다[관련시키다](~ to), A를 이해·공감하다(~ to)	
	19	**progressive accumulation**	점진적으로 발전(발달)하는 축적
		▷ progress → 발전·발달(하다) / progressive → 점차 발전하는 / regress → 병세 등이 다시 악화되다 ▷ accumulate → 축적하다(축적되다 = build up) / accumulation→ 축적 / accumulative → 축적되는	

	20	breakthroughs and discoveries	갑작스럽고 획기적인 발전들과 발견들
	21	only that which survived in some form in the present	현재 시점에서 무엇인가의 형태로(방식으로) 없어지지 않고 살아남았던 것만이
	22	be considered relevant	연관된(적절한) 것이라고 여겨지다
		▷ relevant → 관련된(적절한= related, connected, suitable) / irrelevant → 관련되지 않은(= unrelated)	
	23	a number of faults in this view of history became apparent / faulty	이런 역사의 관점에서 몇몇 오류들이 분명(명백)해졌다 / 오류·결함이 있는(= malfunctioning, defective, flawed)
		▷ apparent → 분명한(명백한 = clear, evident, obvious, manifest, plain), 겉으로 보이는(= seeming)	
	24	closer analysis of ~	~에 대한 더 자세한 분석
	25	scientific discoveries	과학적 발견들
	26	lead historians to ask whether ~	역사학자들에게 ~인지 아닌지 의문점을 갖도록 유도하다
		▷ lead + A + to+v → A에게(A가) ~하도록 유도하다(이끌다) / lead to A → ~에 이르다(= result in A)	
37	27	the dates of discoveries and their discoverers can be identified precisely	발견의 날짜들과 그것의 발견자들이 정확히 식별(확인)될 수 있다
		▷ precise → 정밀·정확한(= exact, accurate) / precisely → 정확히(= to the letter) / precision → 정밀, 정확	
	28 256	▶ 도치 3: 'little, rarely, hardly, seldom, never, nor 등 부정어 + **동사(조동사)** + 주어 ~' 형태 Nor **does** the traditional view [~~recognises~~ / **recognise**] the role that non-intellectual factors, especially institutional and socio-economic ones, play in scientific developments. 또한 전통적인 관점은 과학적인 발전에서 지적이지 않은 요인들, 특히 사회 제도적이고 사회 경제적인 요인들이 맡는 역할들도 인식하지 못한다. → 'nor 등 부정어 + does 등 조동사 + 주어 + **동사원형**'이 와야 하므로 'recognises'는 틀린 표현. Seldom **did** we [~~made~~ / **make**] a profit, let alone stand out or hold an edge over our competitors. 우리는 두각을 나타내거나 경쟁자들보다 우위를 점하기는커녕 좀처럼 수익을 내지도 못했다.	
	29 257 v 259	▶ 숙어 구조를 알고 있으면 파악이 쉬운 목적격 관계대명사 패턴 2 Nor does the traditional view recognise **the role** that non-intellectual factors, especially institutional and socio-economic ones, **play** in scientific developments. 또한 전통적인 관점은 과학적인 발전에서 지적이지 않은 요인들, 특히 사회 제도적이고 사회 경제적인 요인들이 **맡는 역할들**도 인식하지 못한다. → play a role 역할을 맡다 For all **the fortune** (that) he **made**, he was too stingy to help those whose lives were at stake. 자신이 벌었던 그 엄청난 돈에도 불구하고, 그는 너무 인색해서 삶이 위기에 처한 사람들을 돕지 않았다. → make a fortune 엄청난 돈을 벌다	
	30	non-intellectual factor	지적이지 않은 요소(요인 = element, component)
	31	institution / institutional	법·관습 등 사회 제도, 기관 / 사회 제도적인, 기관의
	32	socio-economic	사회와 경제의 관계에 대한, 사회경제적인

기침, 기침하다 co____

A로부터 힘을 얻다 f____ off A

관점(의향), 정서(감정) sen____

37	33 260 v 263	▶ 이미 언급한 명사와 같은 종류의 명사를 단수로 받아 주는 one, 복수로 받아 주는 ones 1 I hope there will be more benevolent people who feel for orphans and adopt **one**. 나는 고아들에게 동정심을 느껴 **고아 한 명**을 입양할 마음이 따스한 더 많은 사람들이 있기를 바란다. Nor does the traditional view recognise the role that non-intellectual factors, especially institutional and socio-economic **ones**, play in scientific developments. 또한 전통적인 관점은 과학적인 발전에서 지적이지 않은 요인들, 특히 사회 제도적이고 사회 경제적인 **요인들**이 맡는 역할들도 인식하지 못한다.	
	34	**scientific development**	과학의 발달
	35	**Most importantly, ~**	무엇보다도, ~이다 = Most important, ~
	36	**the traditional historian of science seems blind to the fact that ~**	과학사를 연구하는 전통적 역사학자는 ~다는 사실을 못 알아채는 것 같다
		▷ blind → 맹인의, 맹목적인 / be blind to A → A를 못 알아채거나 외면하다 / blind spot → 사각지대	
	37	**concepts, questions and standards that they use to frame the past**	과거를 다시 구성하기 위해 그들이 사용하는 개념들과 의문점들과 기준들
		▷ frame → 틀, 뼈대, 액자, 틀을 형성하다 / frame the past → (특정 관점에서) 과거를 (다시) 구성하다	
	38	▶ to+v가 '~하기 위해'를 의미하는 예 2 The traditional historian of science seems blind to the fact that the concepts, questions and standards that they use **to frame** the past are themselves subject to historical change. 과학사를 연구하는 전통적 역사학자는 과거**를 다시 구성하기 위해** 자신들이 사용하는 개념들과 의문점들과 기준들이 그것들 자체가 역사적 변화를 겪을 가능성이 있다는 사실을 알아채지 못하는 것 같다.	
	39 264 v 265	▶ '~self'가 단순한 강조의 의미만을 갖고 있어 생략해도 문장 구성에 지장이 없는 경우 The poet **(himself)** has said that a philosophy is to the author what symmetry is to the painter. 그 시인은 **(바로 자기 스스로가)** 철학과 작가의 관계는 대칭과 화가의 관계와 같다고 말해 왔다. The concepts, questions and standards are **(themselves)** subject to historical change. 그 개념들과 질문들과 기준들은 **(바로 그것들 자체가)** 역사적 변화를 겪을 가능성이 있다.	
	40	**be subject to historical change**	역사적 변화를 당할(겪을) 가능성이 있다
		▷ be subject to A → A를 당할(겪을) 가능성이 있다 ▷ subject A to B → A로 하여금 B(고통·재해 등)를 겪게 만들다 A is subjected to B → A가 B를 겪을 수밖에 없는 처지에 있다(= A is forced to experience B)	
38	1	**individuals of many resident species**	많은 수의 텃새 등 특정 지역에 오래 사는 종들의 개체들
	2 266 v 275	▶ 콤마 뒤에서 수동 기능 등을 하는 **과거분사**가 문장을 연결하는 패턴의 예 Turbulent economies can trigger fluctuating prosperity, **intertwined** with pervasive instability. 요동치는 경제는 급격히 변동하는 번영을 유발할 수 있은데, 널리 퍼지는 불안정과 **한데 엮이면서 말이다**. The heavy fines, **enforced** across the country, will deter drivers from parking on sidewalks. 그 무거운 벌금은(벌금 부과는), 전국적으로 **시행됐는데**, 운전자들이 인도에 주차하지 않게 할 것이다. Most people, **confronted with** such injustice, may feel an irrepressible impulse to stand up to it. 대부분의 사람들은, 그런 부당함**에 직면해서**, 그것에 맞서려는 억제할 수 없는 충동을 느낄 것이다.	
	3	**be confronted with A**	A에 직면하다 = be faced with A

	No.	Expression	Meaning
38	4	**the fitness benefits of control over a productive breeding site**	번식이 왕성한 번식지에 대한 결정권(선택권)과 관련된 생존 및 번식 능력 면에서의 이점
		▷ fit → 적합한(= suitable), 건강한(= healthy, sound) / fitness → 건강함, 특정 환경에서 생존·번식 능력 ▷ benefit → 이점(이득 = payoff), 이익을 주다(얻다) / beneficial → 이득이 되는 / beneficiary → 수혜자 ▷ productive → 생산적인, 많이 만들어내는(번식이 왕성한), 생산과 관련된 / productivity → 생산성 ▷ breed → 번식하다(= reproduce), 기르다(양육하다 = bring up, nurture, raise, rear), 종(종류)	
	5	**be forced to+v**	~하도록 강요를 받다, ~할 수밖에 없다
	6	**balance costs / strike a balance**	치러야 할 대가(희생)를 균형 맞추다 / 균형을 맞추다
	7	**in the form of A / take form**	A의 형태 또는 방식으로 / 형태를 갖추기 시작하다
	8	**lower nonbreeding survivorship**	번식하지 않은 상태에서의 더 낮은 생존(생존 가능성)
	9	**by ~ing / by remaining in ~**	~함으로써 / ~에서 그대로 남아 있음으로써
	10	**the specific habitat where highest breeding success occurs**	가장 높은 번식의 성공이 발생하는 특정한 서식지
		▷ habitat → 동식물의 서식지 ▷ occur → 발생하다(= come about), 존재하다 / recur → 다시 발생하다 / concur → 동시에 발생하다	
	11	**resident-bird habitat selection**	특정 지역에 오래 사는 텃새의 서식지 선택
	12	**seemingly a straightforward process**	겉으로 언뜻 보기엔 복잡하지 않고 단순한 과정
		▷ straightforward → 복잡하지 않고 단순한, 솔직한(= frank, candid, outspoken) / afterward → 나중에	
	13	▶ 앞의 장소 및 상황을 이어 설명하는 where 또는 in which가 들어간 패턴의 예 2 Resident-bird habitat selection is seemingly a straightforward process **in which** a young dispersing individual moves until it finds a place **where** it can compete successfully to satisfy its needs. 특정 지역에 오래 사는 텃새의 서식지 선택은 여러 곳으로 흩어지는 어린 개체가 자신의 필요한 부분을 충족시키기 위해 성공적으로 경쟁할 수 있는 장소를 찾을 때까지 이동하**는** 언뜻 보기엔 단순한 과정이다.	
	14	**young dispersing individual**	여러 곳으로 흩어지는 어린 개체
		▷ disperse → 흩어지다(퍼지다 = scatter, diffuse) / dispersal → 분산(확산 = diffusion)	
	15	**move until it finds a place where ~**	그것이(어린 개체가) ~인 장소를 찾을 때까지 이동하다
	16	**it can compete successfully to satisfy its needs**	그것이(어린 개체가) 자신의 필요한 부분을 충족시키기 위해 (원하는 것을 얻으며) 성공적으로 경쟁할 수 있다
	17	**initial / initially**	처음(초반)의, 첫 글자 / 처음엔(= at first)
	18	**shelter / these needs include only food and shelter**	피난처, 머물 수 있는 곳, 피난처를 제공하다 / 이런 필요 요소들은 그저 먹을 것과 머물 수 있는 곳을 포함한다
	19	**eventual / eventually**	최종적인(= ultimate) / 결국엔(= in the end, sooner or later)
	20	**location / locate / dislocate**	위치 / 위치를 찾다, 위치시키다 / 뼈가 탈골되게 하다

염색하다 / 염색 d___ / d___

확장(발전)을 위한 발판 fo___

신의, 신성한 di___

38	No.	English	Korean
	21	**settle / settle in a habitat**	정착하다, 해결하다(= resolve) / 서식지에 정착하다
	22	▶ 2개 이상의 동사들이 접속사를 연결 수단으로 동일한 목적어와 이어지는 패턴 2 The young must **locate**, **identify**, and **settle in** a habitat that satisfies not only survivorship but reproductive needs as well. 어린(젊은) 개체들은 생존뿐만 아니라 번식에 대한 욕구(필요성)도 마찬가지로 충족시켜 주는 서식지를 **찾고**, (서식지를) **식별(확인)하**고, (서식지에) **정착해**야 한다.	
	23	**satisfy not only A but B as well**	A뿐만이 아니라 B도 마찬가지로 충족시키다
	24	**reproductive needs**	번식에 대한 욕구(필요성)
	25	**in some cases / (just) in case**	어떤 경우엔 / 만약의 경우를 대비해
	26	**the habitat that provides the best opportunity for survival**	생존을 위한 최고의 기회를 제공하는 서식지
	27	**the same habitat as ~**	~과 동일한(똑같은) 서식지
	28	▶ 이미 언급한 명사와 같은 종류의 명사를 단수로 받아 주는 one, 복수로 받아 주는 ones 2 The habitat that provides the best opportunity for survival may not be the same habitat as the **one** that provides for highest reproductive capacity. 생존을 위한 최고의 기회를 제공하는 서식지는 가장 높은 번식 가능성을 위해 필요한 요소를 제공하는 **서식지**와 동일한 서식지가 아닐 수 있다.	
38	29	**provide for A**	A를 위해 필요한 요소를 제공하다, A를 부양하다
	30	**highest reproductive capacity**	가장 높은 번식 능력(가능성)
	31	**requirements specific to the reproductive period**	번식하는 시기에 특유의 구체적인 필요 사항들
	32	**migrant**	철새처럼 이동하는 동물, 일을 찾아 이동하는 사람
		▷ migrate → 이주하다, 동물이 이동하다 / migration → 이주, 이동 / migratory → 이주(이동)하는	
	33	**be free to choose ~**	~를 자유롭게 선택하다
	34	**optimal / the optimal habitat for ~**	최적의(= best, optimum) / ~을 위한 최적의 서식지
	35	**survival during the nonbreeding season**	번식을 하지 않는 계절 동안의 생존
	36	**reproduction during the breeding season**	번식하는 계절 동안의 번식
	37	**habitat selection during ~**	~동안 서식지의 선택
	38	**can be quite different for migrants as opposed to residents**	특정 지역에 오래 사는 종들과는 반대로 이동하는 종들에게는 굉장히 다를 수 있다
		▷ as opposed to A → A와 반대로(= in contrast with A), A와는 달리(= unlike A), A 대신(= instead of A)	
	39	**even among closely related species**	심지어 밀접하게 연관된 종들 사이에서도

dye [dai] / dyeing [dáiiŋ]

foothold [fúthòuld]

divine [diváin]

39	1	**Still, ~ / still**	하지만, ~(= Nevertheless, ~) / 여전히, 가만히, 정지된
	2	**it is arguable that ~**	~는 사실일 수 있다, ~을 믿을 만한 이유가 있다
	3	**advertiser**	광고를 내는 개인 및 회사, 광고주
	4	**worry rather too much about ~**	~에 대해 다소 너무 많이 걱정한다
	5	▶ as가 '~이기 때문에'로 쓰이는 예(as = because = since) Still, it is arguable that advertisers worry rather too much about this problem, **as** advertising in other media has always been fragmented. 하지만, 다른 매체들의 광고도 항상 (소비자 타깃에 따라 여러 종류로) 분해됐**기 때문에**, 광고주들이 이 문제에 대해 다소 너무 많이 걱정하고 있다는 것이 사실일 수 있다.	
	6	**advertising in other media has always been fragmented**	다른 매체들의 광고는 (소비자 타깃에 따라 여러 종류로) 항상 분해됐다
		▷ fragment → 조각내다(분해하다), 파편(분해) / fragmentation → 파편화, 분해된 상태	
	7	**the fragmentation of television audiences during recent decades**	최근의 몇 십 년 동안 TV 시청자들의 분해(파편화)
	8	**happen throughout the globe**	세계 전체에 걸쳐 발생하다
	9	▶ as가 '~하는 동안, ~할 때, ~함에 따라' 등 시간과 관련된 의미로 쓰이는 예 1 The fragmentation of television audiences, which has happened throughout the globe **as** new channels have been launched everywhere, has caused advertisers much concern. TV 시청자들의 분해(파편화)는, 새로운 채널들이 여기저기에서 시작**돼 옴에 따라** 전세계적으로 발생했는데, 광고주들에게 상당한 우려를 불러일으켰다.	
	10	**new channels have been launched**	새로운 방송 채널들이 시작돼(개시돼) 왔다
		▷ channel → 방송 채널, 연결 채널, 전달 경로, 수로, 해협 / 감정·생각·정보·물 등을 보내다 ▷ launch → 로켓 등을 발사하다, 시작(개시)하다, 출시하다	
	11	▶ 주어와 동사가 멀리 떨어져 있어 동사 파악이 혼동되는 예 5 **The fragmentation** of television audiences, which has happened throughout the globe as new channels have been launched everywhere, [~~have~~ / **has] caused** advertisers much concern. **TV 시청자들의 분해(파편화)는**, 새로운 채널들이 여기저기에서 시작돼 옴에 따라 전세계적으로 발생했는데, 광고주들에게 상당한 우려**를 불러일으켰다**. → 주어는 'The fragmentation ~'이고 단수 주어이므로, 따라오는 동사는 복수 have가 아니라 단수 has.	
	12	**cause advertisers much concern**	광고주들에게 상당한 걱정을(우려를) 유발하다
	13	**advertisers look back nostalgically to the years when ~**	광고주들은 향수에 젖어 ~했던 세월들을 회상한다
		▷ look back to A → A를 회상하다(= recall A) / fall back on A → 힘들 때 A에 의존하다(= resort to A) ▷ nostalgia → 그리움, 향수 / nostalgic → 그리움을 불러일으키는 / nostalgically → 향수에 젖어	
	14	**single / a single spot transmission**	단 하나의, 미혼(의) / 방송에서 한 번 내보내는 광고 전송
		▷ transmit → 전달하다(= transfer, convey, relay) / transmission → 전달, 전송	

	No.	Expression	Meaning
	15	**be seen by the majority of the population at one fell swoop**	한 번에 인구의 대다수에 의해 시청되다
		▷ majority → 다수 / minority → 소수 / major → 중요한, 전공(하다) / minor → 미미한, 부전공(하다)	
	16	**television advertising of mass consumer products**	대량의(대량으로 생산되는) 소비재(소비자가 구매를 원하는 상품)의 TV 광고
		▷ mass → 대량의, 다수, 군중, 큰 덩어리(로 형성되다) / amass → 대량으로 축적하다(= accumulate, gather)	
	17	**relatively straightforward**	비교적 복잡하지 않고 단순한
		▷ relative → 비교적인(상대적인 = comparative), 친척 / relatively → 비교적 / relativity → 상대성	
	18 276 ∨ 280	▶ '동사 + 목적어 + 목적격 보어'에서 목적어가 길어 목적격 보어 파악이 혼동되는 경우 This **made** the television advertising of mass consumer products relatively straightforward. 이것은 대량으로 생산되는 소비재의 TV 광고가 비교적 복잡하지 않고 단순해지도록 **만들어 줬다**. He **found** hitting upon an intriguing idea when he felt fatigued or listless next to impossible. 그는 피곤하거나 무기력할 때 호기심을 돋우는 아이디어를 생각해 내는 것은 거의 불가능하다고 **생각했다**.	
	19	**A, not to say B**	A이면서도 더 심하게 강조해 말하면 B이다
	20	**… whereas today ~**	…인데 반면에 오늘날엔 ~이다
39	21 281 ∨ 283	▶ 'it is … for A + to+v'로 'A가 **~하는 것이(것은)** …다'를 나타내는 예 **It** is crucial **for** them **to impose** a strict ban on these ads aimed at children and adolescents. 그들이 어린이와 청소년에게 맞춰진 이런 광고들에 대한 엄격한 금지를 **가하는 것은** 굉장히 중요하다. **It** is necessary **for** advertisers **to build up** coverage of their target markets over time. 광고주들이 겨냥하려는 시장에 대한 광고 등의 도달 범위를 장기간에 걸쳐 **점진적으로 키우는 것이** 필요하다.	
	22	**build up coverage of target markets over time**	겨냥하려는 시장에 대한 방송 및 광고 등의 도달 범위를 장기간에 걸쳐 점진적으로 강화하고 키우다
	23	**by advertising on a host of channels with separate audiences**	(성향상) 분리돼 있는 시청자들을 갖고 있는 상당히 많은 방송 채널들에 광고를 함으로써
		▷ a host of A → 아주 많은 A(= a sea of A, a very large number of A) / scores of A → 상당수(양)의	
	24	**moreover**	게다가 = besides, furthermore, what's more, in addition
	25	**gain considerable benefits from the price competition between ~**	~사이의 가격 경쟁으로부터 상당한 이득(이익)을 얻다
	26	**numerous broadcasting stations**	수많은 방송국들
	27	**TV remains much the fastest way to build up public awareness**	TV는 대중적 인식을 점진적으로 강화하고 키울 수 있는 정말 가장 빠른 방식으로 계속 유지되고 있다
		▷ awareness → 인식(의식) / aware of A → A를 인식하고 있는 / unaware of A → A를 인식하지 못하는	
	28	**a new brand or a new campaign**	새로운 브랜드 또는 새로운 캠페인
		▷ campaign → 광고·선거 같은 조직적 운동 및 활동(캠페인), 전투·공격 등의 군사적 행동	

dim [dim]

akin to A

cozy [kóuzi]

문항	번호	표현	의미
39	29 284 ∨ 285	▶ 도치 4: 'seldom(거의 ~하지 않다) + **동사(조동사)** + 주어 ~' 형태 The heir inherited tremendous amounts of money, but seldom **did** he **boast** about his wealth. 그 상속자는 엄청난 액수의 돈을 상속했지만, 그는 자신의 부에 대해 거의 자랑을 하지 않았다. Seldom **does** a new brand or new campaign that solely uses other media, without using television, **reach** high levels of public awareness very quickly. TV를 이용하지 않고 오직 다른 매체만을 이용하는 새 브랜드 및 새 캠페인은 높은 수준의 대중적 인식에 아주 빠른 속도로 도달을 거의 하지 못한다.	
	30	**solely use other media**	오직 다른 매체만을 이용하다
		▷ sole → 유일한(= only), 신발 밑창 / solely → 오직(오로지 = only, exclusively, merely, just, simply)	
	31	**high levels of public awareness**	높은 수준의 대중적 인식
40	1	**break up**	흩어지다(= scatter), 헤어지다(⇒ make up<화해하다>)
	2	**unite / reunite**	결합하다 / 재결합하다
	3	**in response to A**	A에 대한 대응(반응)으로
	4	**variation in food availability**	먹을 것을 구할 수 있는 상황(여건)의 변화(= change)
		▷ available → 이용(구매, 입수, 만남 등)이 가능한 / availability → 이용(구매, 입수, 만남 등)의 가능성	
	5	**reunion**	오래간만의 재결합(재회), 모처럼 다시 만나는 모임
	6	**more important in elephant society than among primates**	영장류들 사이에서 그러는 것보다 코끼리 집단에서 더 중요한
	7	**the species has evolved elaborate greeting behaviors**	그 종은(코끼리들은) 정교한 인사 행위를 발달시켜 왔다
		▷ evolve → 발전·진화하다(시키다) / evolution → 발전, 진화 / evolutionary → 발전의, 진화론적인 ▷ elaborate → 세심하고 정교한(= detailed), 상세히 설명하다 / collaborate → 협력하다(= cooperate) ▷ greet → 인사하다(환영하고 맞이하다 = welcome), ~식으로 받아들이거나 반응하다(= receive, react to)	
	8 286 ∨ 288	▶ '~, — of which[whom] …'이 포함된 패턴의 예 2 The species has evolved elaborate greeting behaviors**, the form of which** reflects the strength of the social bond between the individuals. 그 종은(코끼리들은) 정교한 인사 행위들을 발달시켜 왔는데**, 그 행위들의 형태**는 각 개체들 사이의 사회적 유대감의 힘을 반영해 준다. Typical examples of this strained interaction are marketers and customers**, the relation between whom** can be characterized as aggression of the former directed against the latter. 이런 긴장된 상호작용을 나타내는 두 가지의 전형적 예는 판매업자들과 소비자들인데**, 그들 사이의 관계**는 후자(소비자들)에게 맞춰진 전자(판매업자들)의 공격적인 접근으로 특징화될 수 있다.	
	9	**reflect the strength of the social bond between the individuals**	각 개체들 사이의 사회적 유대감의 힘을 반영해 준다
		▷ reflect → 반영하다, 반사하다 = mirror / reflect on(upon) A → A를 신중히 생각해(되짚어) 보다 ▷ bond → 친밀한 유대관계, 결합(접착), 합의 및 약속, 친밀한 유대관계를 형성하다, 결합시키다, 채권	

시멘트, 더 강화해 주다 **ce**____

광합성 **pho**____

흥미롭고 매력적인 **gl**____

cement [simént]

photosynthesis [fòutousínθisis]

glamorous [glǽmərəs]

40	10	much like ~ / not much of a ~	~과 아주 비슷하게 / 대단한 ~은 아닌(그저 그런 ~)
	11	how you might merely shake hands with a long-standing acquaintance	어떻게 해서 오래 유지돼 온 서로 아는 사이와는 그저 악수만을 하는 것인지
		▷ long standing → 오래 유지돼 온(= lasting for a long time) / long gone → 이미 오래 전에 사라진 ▷ acquaintance → 서로 아는 사이(관계) / be acquainted(familiarized) with ~ → ~를 잘 알고 있다	
	12	hug a close friend you have not seen in a while	길지 않은 시간 동안 당신이 못 만났던 친한 친구를 포옹하다
		▷ hug → 포옹하다 / bug → 벌레, 결함, 괴롭히다 / rug → 양탄자 / tug → 잡아당기다	
	13	▶ 조동사 뒤에 2개 이상의 동사원형이 이어지는 경우 ~ much like how you **might** merely shake hands with a long-standing acquaintance but hug a close friend you have not seen in a while, and maybe even tear up. 어떻게 해서 오래 유지돼 온 서로 아는 사이와는 그저 악수만을 하지만, 길지 않은 시간 동안 당신이 못 만났던 친한 친구를 포옹하고 아마 심지어 금방이라도 울음을 터뜨릴 수 있는 것인지와 아주 비슷하게 ~	
	14	tear [tiər] up / tear [teər] down A	금방이라도 울음을 터뜨리려 하다 / A를 철거하다
	15	simply by reaching their trunks into each other's mouths / trunk	그저 그들의 코를 서로의 입 속으로 닿게(들어가게) 함으로써 / 트렁크, 코끼리 코, 나무 몸통, 운동용 반바지
	16	possibly equivalent to a human peck on the cheek	아마(= perhaps, maybe) 볼에 하는 사람들의 가벼운 키스에 해당하는(와 같은)
		▷ equivalent → 같은(= equal, identical) / equivalent to A → A에 해당하는, A와 같은(= equal to A)	
	17 289 v 292	▶ 앞문장을 연결하는 기능으로, 형용사가 콤마 뒤에서 이어지는 형태의 예 Elephants may greet each other simply by reaching their trunks into each other's mouths, **(which is)** possibly **equivalent to** a human peck on the cheek. 코끼리들은 그저 그들의 코를 서로의 입 속으로 들어가게 함으로써 서로를 맞이할 수 있는데, **(이것은)** 아마 볼에 하는 인간들이 가벼운 키스**에 해당할 것이다**. → '관계대명사+ be동사' 생략으로 접근: 콤마 뒤에서 형용사 덩어리 'possibly equivalent to ~'만 올 수 있다. He clung to his belief and persevered against all odds, **confident** that no one could forbid him to do so. 그는 신념을 고수하며 모든 역경을 딛고 버텼는데, 누구도 그렇게 하는 걸 막지 못할 것이라고 **확신하며 그랬다**. → 'being(having been)' 생략으로 접근: 주어 he와 연결된 분사 being이 생략돼 형용사 'confident'만 올 수 있다.	
	18	after long absences	오랜 부재 후에, 오래 서로 멀리 떨어진 기간 후에
		▷ absent → 부재중인(결석한 ↔ present<참석·출석한>) / absence → 부재(결석 ↔ presence<참석·출석>)	
	19	members of family and bond groups greet one another	가족 그리고 유대관계가 있는 집단의 구성원들이 서로를 맞이한다
	20	with incredibly theatrical displays	엄청나게 극적인(드라마틱한) 장면(표출)과 함께
	21	the intensity reflects the duration of the separation	(서로를 맞이하는) 그러한 열렬함의 강도는 이별(떨어져 있는 상태)의 지속 기간을 반영한다(보여 준다)
		▷ intense → 강렬한, 열렬한 / intensity → 강렬한(열렬한) 정도, 강도 / intensive → 집중적인, 집약적인	

	No.	표현	의미
40	22	**A as well as B / as good as ~**	B뿐만 아니라 A / ~만큼 좋은, ~와 거의 다를 바 없는
	23	**intimacy / pharmacy / diplomacy**	친밀함(= closeness) / 약국 / 외교
		▷ intimate → 친근한(= close) / ultimate → 최종(궁극)적인	
	24	▶ 주어와 동사가 멀리 떨어져 있어 동사 파악이 혼동되는 예 6 **The fact** that the intensity reflects the duration of the separation as well as the level of intimacy [~~suggesting~~ / **suggests**] that elephants have a sense of time as well. (서로를 맞이하는) 그러한 열렬함의 강도는 친밀함의 정도뿐만 아니라 떨어져 있는 상태의 지속 기간을 반영해 준다는 **그 사실은** 코끼리들도 마찬가지로 시간 감각을 갖고 있다는 것**을 암시한다**.	
	25	**sense of time / come to one's senses**	시간 감각, 시간에 대한 개념 / 방황 후 정신을 차리다
	26	**to human eyes, these greetings strike a familiar chord**	인간의 눈(관점)에서, 이렇게 서로 맞이하는 것은 친밀한 공감을 불러일으킨다
	27	**be reminded of A / reminder**	A가 생각나다 / 생각나게 하는(상기시켜 주는) 것
	28	**joyous reunion**	즐겁고 행복한(= joyful, festive, merry) 재결합(재회)
	29 293 ∨ 296	▶ '명사 + 형용사 덩어리' 형태로 형용사가 명사를 수식하는 패턴의 예 Do you have tolerance toward those who possess traits [~~differently~~ / **different**] from you own? = Do you have tolerance toward those who possess traits **(which are) different** from you own? 당신은 당신의 특성과 **다른** 특성을 갖고 있는 사람들을 향한 포용력(관용)을 지니고 있는가? → 형용사(different) 앞에 '관계사 + be동사'가 생략됐다고 볼 수 있으므로 부사(differently)는 틀린 표현. Farmers **dependent** on government subsidy are inhibited from taking out loans from banks. 정부 보조금에 **의존하는** 농부들은 은행에서 대출을 받는 것이 금지돼 있다. I'm reminded of the joyous reunions **so visible** in the arrivals area of an airport terminal. 공항 터미널의 도착 구역에서 **너무도 잘 보이는** 행복한 재회가 나는 생각난다.	
	30	**arrival area / departure area**	(공항의) 도착 구역 / 출발 구역
	31	**international airport terminal**	국제 공항 터미널
		▷ domestic airport terminal → 국내 공항 터미널 / terminal → 터미널, (병) 치료할 수 없는 말기의	
	32	**the evolved greeting behaviors**	진화돼 온 서로를 맞이하는 인사 행위
	33	**serve as an indicator of ~**	~을 나타내 주는 요소로서 기능을 하다
		▷ indicate → 나타내다(= signify, demonstrate) / indication → 암시 / indicator → 나타내는 요소, 지표	
	34	**competitive**	경쟁력 있는(↔ uncompetitive<경쟁력 없는>), 경쟁하는
	35	**disconnected / disconnect**	연결되지 않은 / 연결을 끊다(= uncouple, disengage)
	36	**tied / tie / untie**	연결된 / 묶다, 연결, 동점(= draw) / 풀다(= undo, unfasten)
	37	**isolated / isolate**	외따로 떨어진, 고립된(= remote) / 외따로 고립시키다
	38	**united**	단결된, 통일된 = unified, integrated
	39	**parted / part with A**	분리된(= separated) / A(소유, 통제권 등)를 포기하다

통풍(환기)시키다 **ven___**

약물, 약물 치료 **me___**

높은, 숭고한(고귀한) **lo___**

ventilate [véntəlèit]

medication [mèdəkéiʃən]

lofty [lɔ́:fti]

문항	No.	표현	의미
41–42	1	**for quite some time**	꽤 오랫동안
	2	**science educators believed that ~**	과학 교육자들은 ~라고 믿었다
	3	**hands-on activity**	이론이 아닌 실제로 참가해 보는 활동
		▷ hands-off → 간섭 없이 자율을 지향하는 / handout → 나눠주는 인쇄물 / hand out A → A를 나눠주다	
	4	**answer to children's understanding**	아이들의 이해에 대한 해결책(= solution)
	5	**through the participation in ~**	~에 참여를 통해
	6	**science-related activity**	과학과 연관된 활동
	7	**students merely engaging in activities and manipulating objects**	단순히 활동에 참여하고 물체를 다루는 학생들
		▷ engage in A → A에 참여하다(A를 하다) / engage with A → A에 큰 관심을 기울이다, A와 함께 행동하다 ▷ manipulate → 기기 등을 다루다(= handle, operate), 심리 등을 조종하다, 조작하다(= falsify, distort)	
	8 (297 ~ 299)	▶ '명사 + **분사**' 형태로 명사를 공통으로 수식하는 분사가 2개 이상 연결되는 예 Students merely **engaging in** activities and **manipulating** objects would organize ~. 단순히 활동에 **참여하고** 물체를 **다루는** 학생들은 ~를 구성할 것이다. Students **notified of** the survey and **invited** to participate can register for it from today. 이번 연구조사**에 대해 통지를 받고** 참여해 보도록 **초대된** 학생들은 오늘부터 참여에 신청할 수 있다. Commuters **frustrated** at such frequent delays and **riding** buses instead called for a solution. 그런 잦은 지연에 의해 **실망해서** 그 대신 버스를 **타는** 통근자들은 해결책을 요구했다.	
	9	**organize A into B**	(효율적인 배열 및 이해 등을 통해) A를 B로 구성하다
	10	**information to be gained**	획득돼야 하는(= that should be gained) 정보
	11	**knowledge to be understood**	이해돼야 하는(= that should be understood) 지식
	12	**concept comprehension**	개념 이해
		▷ comprehend → 이해하다 / comprehension → 이해 / comprehensible → 이해될 수 있는	
	13	**notice / noticeable**	알아채다(주목하다), 통지 / 눈에 띄는(= appreciable)
	14	**pendulum had swung too far to the "hands-on" component of inquiry**	"이론이 아닌 실제로 참가하는" 탐구의 요소 쪽으로 (학습의) 트렌드가 지나치게 치우쳤다
		▷ pendulum → 일정 주기로 진자에서 흔들리는 추, 변화 가능성이 있는 트렌드(경향) ▷ swing → 흔들리다(⇒ swing – swung – swung), 그네 / sting → 쏘다, 침 / string → 줄, 끈, 묶다(엮다) ▷ component → 주요 구성 요소 및 성분(= important element<ingredient>), 구성하는(= constituent) ▷ inquire → 묻다(= ask) / inquiry → 질문(탐구 = investigation) / inquisitive → 호기심 많은, 탐구적인	
	15	▶ as가 '~하는 동안, ~할 때, ~함에 따라' 등 시간과 관련된 의미로 쓰이는 예 2 Educators began to notice that the pendulum had swung too far to the "hands-on" component of inquiry **as** they realized that ~. 교육자들은 ~라고 깨닫게 **됨에 따라** "이론이 아닌 실제로 참가하는" 탐구의 요소 쪽으로 (학습의) 트렌드가 지나치게 치우쳤다는 점을 알아채기(주목하기) 시작했다.	

	No.		
41-42	16	**the knowledge was not inherent in the materials themselves**	지식은 재료(물질) 자체에 본질적으로 존재하는 것이 아니었다
		▷ inherent → 본질적으로 존재하는(= inborn, innate, intrinsic, natural) coherent → 논리적이고 일관된 / cohesive → 응집력 있는, 단합하는 / cohesion → 응집력, 단합	
	17	▶ 'not A but B'로 'A가 아니라 B다(A하는 것이 아니라 B하다)'를 나타내는 예 2 They realized that the knowledge was **not** inherent in the materials themselves, **but** in the thought and metacognition about what students had done in the activity. 그들은 지식이 재료(물질) 자체에 본질적으로 존재하는 것**이 아니라**, 그런 (실제 참가) 활동에서 학생들이 (경험)했던 것에 대한 생각과 (자신의 생각을 인식하고 이해하는) 초인지에 존재하는 것**이라**는 걸 깨달았다.	
	18	**the thought and metacognition about what students had done in the activity**	그런 (실제 참가) 활동에서 학생들이 (경험)했던 것에 대한 생각과 (자신의 생각을 인식하고 이해하는) 초인지
	19	**a dangerous phrase when speaking about learning science**	과학을 배우는 것에 대해 말할 때 위험한 문구
		▷ phrase → 문구(완전한 문장의 일부분), 자주 쓰이는 짧은 표현 / phase → 단계 또는 시기(= stage)	
	20	**the missing ingredient**	빠진(없어진) 성분(구성 요소, 재료)
	21	**the "minds-on" part of the instructional experience**	교육적 경험의 "생각하거나 행동하는 것에 대해 생각해 보는" 부분(요소)
		▷ instruction → 지시, 지도, 지침 / instructional → 교육적인(= educational), 가르침을 전하는	
	22	**uncertainty about the knowledge**	지식에 대한 불확실성(↔ certainty<확실함, 확실성>)
	23	**intend / intended / intention**	의도(계획)하다 / 의도(계획)된 / 의도, 계획, 목표
	24	▶ '명사 + 과거분사 ~'로 '~된(되는) …'을 뜻하며 수동 관계로 명사를 수식하는 패턴의 예 4 Uncertainty[Certainty] about the knowledge **intended** in any activity comes from each student's re-creation of concepts. 모든 활동에서 **의도된** 지식에 대한 불확실성[확실성]은 각각 학생들의 개념의 재창조로부터 비롯된다.	
	25	**… come from each student's re-creation of concepts**	…는 각각 학생들의 개념의 재창조로부터 비롯된다(= stem from, rise from, originate from, derive from)
	26	**argue / argument / document**	주장하다(= assert), 말다툼하다 / 주장, 논쟁 / 문서
	27	**evaluate one's own preconception after the activities**	그러한 활동 후에 미리 갖고 있었던 자신의 생각을 평가하다
		▷ preconceived → 특정 경험 전에 미리 예상된 / preconception → 특정 경험 전에 미리 갖고 있던 생각	
	28	**under the leadership of thoughtful teacher**	신중하고 남을 배려하는 교사의 지도(인도)하에
		▷ thoughtful → 신중하고 남을 배려하는(= considerate) / thoughtless → 배려심이 없는(= inconsiderate)	

활력을 주다, 되살리다 **ref___**

인구·자금 등의 유입(쇄도) **in___**

간신히, 거의 ~않다 **ba___**

41 | 42	29	▶ 주어와 동사가 멀리 떨어져 있어 동사 파악이 혼동되는 예 7 **Discussing**, **thinking**, **arguing**, **listening**, and **evaluating** one's own preconceptions after the activities, under the leadership of a thoughtful teacher, **can bring** this **about**. 신중하고 남을 배려하는 교사의 지도(인도)하에 **대화하고**, **생각하고**, **주장하고**, **경청하고**, 그런 활동 후에 미리 갖고 있었던 자신의 생각을 **평가해 보는 것**이 이것(지식에 대한 확실성)**을 생겨나게 한다**.	
	30	**bring about A / bring on A**	A를 유발하다(생겨나게 하다) / A(안 좋은 것)를 유발하다
	31	**after all / afterlife**	결국엔, 여러 상황을 고려했을 때 어쨌든 / 사후 세계
	32	**food[pillow, snowball] fight**	먹을 것을[베개를, 눈뭉치를] 던지면서 즐기는 놀이
	33	**about all you would learn was something about the aerodynamics**	당신이 배우게 되는 거의 유일한 것은 (물체 이동 및 공기 운동을 연구하는) 공기 역학에 대한 것이었다
	34	**flying mashed potatoes**	날아다니는 으깬 감자
	35	**our view of what students need**	학생들이 필요로 하는 것에 대한 우리의 시각
	36	**build their knowledge and theories about the natural world**	(생물이 존재하는) 자연계에 대한 자신의 지식과 이론을 형성하다
	37	**extend far beyond ~ / by far ~**	~을 훨씬 넘어서 확장되다 / 정말 가장 ~한(최상급 강조)
		▷ extend → 늘리다, 확장되다 / extension → 연장, 확장 / extensive → 광범위한(상당한 = comprehensive)	
	38	▶ 주어와 동사가 멀리 떨어져 있어 동사 파악이 혼동되는 예 8 **Our view** of what students need to build their knowledge and theories about the natural world **extends** far beyond a "hands-on activity." (생물이 존재하는) 자연계에 대한 자신의 지식과 이론을 형성하기 위해 학생들이 필요로 하는 것에 대한 **우리의 시각**은 "이론이 아니라 실제로 참가해 보는 활동"을 훨씬 넘어서 **확장된다**.	
	39 300 v 301	▶ while이 '~인 반면에' 및 '비록 ~이지만'을 의미하는 예 He is extroverted and assertive **while** his identical twin brother is introverted and reserved. 그의 일란성 쌍둥이 형은 내성적이고 속내를 잘 내비치지 않**는 반면에** 그는 외향적이고 자신감이 넘친다. **While** her statements sounded logical and persuasive, they didn't correspond with the facts. **비록** 그녀의 발언은 논리적이고 설득력이 있**긴 했지만**, 그것은 사실과 일치하지(부합되지) 않았다.	
	40	**use and interact with A**	A를 사용하고 A에 반응하면서 상호작용하다
	41	▶ 2개 이상의 동사들이 접속사를 연결 수단으로 동일한 목적어와 이어지는 패턴 3 It is important for students **to use** and **interact with** materials in science class. 학생들이 과학 수업에서 재료(물질)을 **사용하**고 그것에 **반응하면서 상호작용하는 것**이 중요하다.	
	42	**come from the sense-making of students' "hands-on" experiences**	학생들의 "이론이 아닌 실제로 참가해 보는" 경험에 대한 이해로부터 생겨난다
		▷ make sense of A → A를 이해·파악하다(= understand A, make out A) / sense-making → 이해(파악)	
	43	**"Hands-on" Activities as a Source of Creativity**	창의력의 원천으로서 "이론이 아니라 실제로 참가해 보는" 활동

refresh [rifréʃ]

influx [ínflʌks]

barely [béərli]

41 | 42	44	**Activity-oriented Learning Enters Science Education!**	활동 지향의(중심의) 학습이 과학교육으로 들어가다!
		▷ ~-oriented → ~지향의 / consumer-oriented → 소비자 지향의 / profit-oriented → 수익 지향의 ~ly oriented → ~쪽으로 관심이 많은 / politically oriented → 정치적으로 관심이 많은 disoriented → 방향 감각을 잃은, 혼란에 빠진 / orientation → 신입생(신입사원) 소개행사, 성향, 방향	
	45	**Figure Out What Students Like Most in Science Class**	과학 수업에서 학생들이 가장 원하는 것을 알아내라
		▷ figure out A → A를 이해하다(알아내다 = make out A), A의 해결책을 찾다 / figure → 모양, 인물, 숫자	
	46	**Joy and Learning: More Effective When Separated**	즐거움과 학습: 서로 분리돼 있을 때 더욱 효과적이다
	47	**Turn "Minds-on" Learning On in Science Class**	과학 수업에서 "생각하거나 행동하는 것에 대해 생각해 보는" 학습을 활성화시켜라(자극하라)
		▷ turn on A → A를 켜다, A를 활성화시키다(자극하다) / turn off A → A를 끄다, A에게 혐오감을 주다	
43 | 45	1	▶ 'look like ~'로 형성되는 두 가지 패턴 및 의미 The colors of the trees **looked like** they were on fire. 나무들의 색깔은 그것들이 불타**는 듯 보였다**. = The colors of the trees **looked as if(= looked as though)** they were on fire. → look like + 주어 + 동사: …가 ~인 듯 보이다(= look as if<as though> + 주어 + 동사) The colors of the trees **looked like** flames of a fire. 나무들의 색깔은 불타는 화염**처럼 보였다**. → look like + 명사: ~처럼 보이다	
	2	**on fire / backfire**	타오르는 / 예상 밖의 역효과를 내다(= boomerang)
	3	▶ 분사 앞에 분사의 주어를 넣는 예 2 The colors of the trees looked like they were on fire, **(with)** the reds and oranges **competing** with the yellows and golds. 나무들의 색깔은 그것들이 불타는 듯 보였는데, 빨강과 주황색이 노랑과 황금색과 **경쟁하고 있었다**. → 문장 전체의 주어인 'The colors of the trees'와는 별도로, 'the reds and oranges'는 분사 'competing'의 주어 역할을 한다. with가 들어갈 수도 있는데, 이땐 'with + 명사(주어) + 분사' 패턴으로 봐도 좋다.	
	4	**remain silent for hours**	몇 시간 동안 침묵하는 상태로 계속 있다(= stay silent)
	5	**heartbroken after losing her championship belt**	챔피언 벨트를 잃은 후에(챔피언을 뺏긴 뒤) 슬픔으로 가득한(= brokenhearted)
	6	**champion / former champion**	챔피언, 옹호하다(= advocate, uphold) / 이전의 챔피언
	7 302 ∨ 303	▶ 주어 기능을 하는 명사(대명사)의 지위, 자격, 특성 등을 설명하는 명사(동격) 덩어리의 예 1 **A former champion**, **she** was thinking of retiring from boxing. **전 챔피언인 그녀**는 권투에서 은퇴하는 것을 생각하고 있었다. **A vibrant and outgoing man**, **Sam** takes the initiative in breaking the ice in social gatherings. **활력이 넘치고 외향적인 사람이라서**, **Sam**은 사교 모임에서 먼저 주도적으로 어색한 분위기를 누그러뜨린다.	
	8	**retire from boxing / retiree**	권투에서 은퇴하다 / 은퇴자

손잡이, 다루다(처리하다) h____

활력이 넘치는, 밝고 강한 vi____

상황 예측, 시나리오 sc____

handle [hǽndl]

vibrant [váibrənt] = vigorous

scenario [sənǽriòu]

	9 304	▶ 주어 기능을 하는 명사(대명사)의 지위, 자격, 특성 등을 설명하는 명사(동격) 덩어리의 예 2 Marie, **her long-time friend and trainer**, shared her pain. **그녀의 오랜 친구이자 트레이너인** Marie는 그녀의 고통을 함께 나눴다. His next-door neighbor, **a renowned entrepreneur**, told him to envision starting a new business. **유명한 사업가인** 그의 옆집 이웃이 그에게 새 사업을 시작하는 것을 상상해 보라고 말했다.	
	10	share her pain / painstaking	그녀의 고통을 함께 나누다 / 아주 힘든(= strenuous)
	11	silent hour / silence	침묵의 시간 / 침묵(고요), 비난을 못하게 입을 막다
	12	a good place for them to stop	그들이 멈출 수 있는 좋은 장소
	13	with a great push / be pushed back	엄청난 추진력으로 / 행사의 시작 시점 등이 미뤄지다
	14	turn a complete circle	완벽한 원형으로 돌다 → 완벽하게 회전하다
	15	make it over the falls	폭포 위로 올라가는 데 성공하다
	16	shout at the success	(폭포 위로 올라가는 데) 성공한 것에 소리를 치다
		▷ succeed → 성공하다, 잇다(계승하다) / success → 성공 / successful → 성공적인, 목표를 달성한 succession → 계승, 이어지는 것 / successor → 계승자, 후계자 / successive → 계승하는, 뒤를 잇는	
43 | 45	17	admire / admiration	존경하다(찬사를 보내다), 감탄하다 / 존경, 감탄
	18	more salmon followed and succeeded	더 많은 연어들이 뒤를 따랐고 (올라가는 데) 성공했다
		▷ follow suit → 남들을 따라하다 / follow up → 추가로 조사(확인)하다 / it follows that → ~를 의미하다	
	19	feel ashamed to+v / shameful	~하는 것이 부끄럽게 느껴지다 / 망신스러운
	20	turn to A	A쪽으로 방향을 돌리다, A에 의존하다(= resort to A)
	21	give up / give in	포기하다 / 항복하다(= give way, surrender), 무너지다
	22	A is not in my vocabulary	A는 내 인식 범위 안에 없다 → 나는 결코 A를 안 한다
	23	get my championship belt back	나의 챔피언 벨트를 되찾다
	24	nod with a bright smile	밝은 미소와 함께 (승낙·인정의 의미로) 고개를 끄덕이다
		▷ bright → 밝은 / brighten → 밝히다 / fright → 공포 / frighten → 두렵게 만들다 / flight → 비행, 항공편	
	25	tough	힘든(= hard), 거친(= rough, wild), 질긴(= durable)
	26 305 v 306	▶ 주절 앞에서 형성되는 분사 패턴의 예 1 **Walking** up the path and back to the car, they could still hear the fish splashing in the water. 길을 따라 올라 다시 자동차로 **걸어가면서**, 그들은 여전히 물고기들이 물에서 물을 튀기는 것을 들었다. → 이처럼 분사는 동시상황 및 이유 등의 의미를 나타내며 문맥에 맞게 문장을 연결하는 기능을 한다. Poorly **maintained** or utterly **neglected**, the buildings are eroding the good image of this city. 형편없게 **관리되**거나 완전히 **방치돼서**, 그 건물들은 이 도시의 좋은 이미지를 조금씩 훼손하고 있다. → 주절의 주어가 행위의 주체이면 현재분사(능동), 당하는 입장이면 과거분사(수동)를 쓴다.	
	27	hear the fish splashing in the water	물고기들이 물에서 물을 튀기는 것을 듣다

	No.	Expression	Meaning
43 ǀ 45	28	**pull over / pull out (of A)**	차를 길 옆으로 세우다 / (A에서) 떠나거나 철수하다
		▷ pull up → 차를 세우다 / pull up A → A(차량)를 세우다 / pull strings → 연줄(백)을 쓰다	
	29	**parking lot / lot**	주차장 / 특정 용도의 땅(부지), 운명(= destiny), 추첨
	30	**go down a path to watch the falls**	폭포를 보기 위해 길을 따라 내려가다
	31	**Watch Your Step**	걸을 때 조심하세요
	32	**rock / Rocks Are Slippery**	바위, 흔들다, 락 음악/ 바위들이 미끄럽습니다
	33 307	▶ '**동사** + 목적어 + **현재분사**(목적격 보어로서 능동·진행)'를 만들 수 있는 대표적 동사 및 예 They **found** the falls **spilling** out in various layers of rock. 그들은 다양한 암석층으로부터 폭포들이 **쏟아져 흘러내리는 것을 발견했다**. I once **caught** my dog **tearing** apart a stuffed doll my daughter was fond of playing with. 나는 전에 한 번 내 개가 내 딸이 갖고 놀기를 좋아했던 봉제 인형을 **갈기갈기 찢고 있는 것을 딱 발견했다**. She managed to **keep** her garment business **thriving** in the face of the unprecedented adversity. 그녀는 유래 없는 그 역경에 맞서 자신의 의류사업이 **계속 번창하도록 유지시키는 것**을 어떻게든 해냈다.	
	34	**spill out in various layers of rock**	다양한 암석의 층에서 쏟아져 나오다
	35	**no one was there except them**	그들을 제외하곤 아무도 그곳에 없었다
		▷ except A → A를 제외하곤(= except for, but) / exception → 제외 / exceptional → 예외적인, 대단한	
	36	**point to movement in the water**	물 속에서의 움직임을 가리키다
	37 308	▶ '명사 + 현재분사 ~'로 '~하는 …'을 뜻하며 능동 관계로 명사를 수식하는 형태의 예 Marie pointed to movement in the water **moving** toward the falls. = Marie pointed to movement in the water **which was moving** toward the falls. Marie는 폭포 쪽을 향해 **움직이고 있던** 물 속에서의 움직임을 가리켰다. → 이처럼 '명사 + 현재분사'는 '명사 + 주격 관계대명사 + 동사' 패턴으로 접근해도 좋다. Skeptics **forecasting** a failure of this plan regard it as no more than pie in the sky. = Skeptics **who forecast** a failure of this plan regard it as no more than pie in the sky. Skeptics **who are forecasting** a failure of this plan regard it as no more than pie in the sky. 이 계획의 실패를 **예상하는** 회의론자들은 그것을 단지 현실성이 없는 시도일 뿐이라고 여긴다.	
	38	**hundreds of fish tails were flashing and catching light from the sun**	수많은 물고기 꼬리들이 반짝 빛나면서 태양으로부터 내리쬐는 빛을 머금고 있었다
	39	▶ 주절에 이어 콤마 뒤에서 형성되는 분사 패턴의 예 2 Hundreds of fish tails were flashing and catching light from the sun, **moving** upstream. 수많은 물고기 꼬리들이 반짝 빛나면서 태양으로부터 내리쬐는 빛을 머금고 있었는데, 물의 흐름을 거슬러 상류를 향해 **움직이고 있었다**.	
	40	**move upstream**	물의 흐름을 거슬러 상류를 향해 움직이다
		▷ stream → 하천, 흐름, 흐르다 / upstream → 상류로 / downstream → 하류로 / scream → 비명(을 지르다)	
	41	**beneath them in the water**	그들 아래에 물 속에서

새겨 넣다, 각인시키다 **ins____**

반어법, 정반대의 모순 **ir____**

똑바른, 수직의, 바르게 **up____**

43 | 45	42	**see salmon moving their bodies**	연어들이 그들의 몸을 움직이는 것을 보다
	43	**keep watching the salmon**	연어를 계속 지켜보다
	44	**leap / reap**	도약하다(> leap – leaped(leapt) – leaped(leapt) / 수확하다
	45	**it threw itself up and over the rushing water above**	그것은(연어는) 거세게 흘러내리는 물 너머로 위를 향해 자신을 내던졌다(위를 향해 도약했다)
	46	**in vain**	아무런 소용이 없는, 아무런 성과도 거두지 못한 채
		▷ vain → 자만한, 성과가 없어 허무한(= futile) / vanity → 자만심, 허무함 / vein → 정맥(⇒ artery<동맥>)	
	47	**stand without a word / wordy**	말을 한 마디도 하지 않은 채 서다 / 장황한(= verbose)
	48	**watch the fish struggling**	그 물고기가 안간힘을 쓰고 있는 것을 보다
	49	▶ 분사 앞에 분사의 주어를 넣는 예 3 Another jumped, its body **spinning** until it made it over the falls. > Another jumped, **with** its body **spinning** until it made it over the falls. 또 다른 한 마리가 뛰어올랐는데, 그 녀석의 몸은 폭포 위로 점프해 올라갈 때까지 **계속 회전했다**. → 문장 전체 주어인 'Another'와 달리, 'its body'는 분사 'spinning'의 주어 역할을 한다. 동시 진행 등을 나타내는 with가 붙을 수도 있는데, 이 때는 'with + 명사(주어) + 분사' 패턴으로 봐도 좋다.	
	50	**until it made it over the falls**	그 연어가 폭포 위로 올라가는 데 성공할 때까지
	51	**be washed back by the power of the water**	물의 힘에 의해 다시 뒤로 휩쓸리다
	52	▶ 주절 앞에서 형성되는 분사 패턴의 예 2 **Watching** the salmon, Marie noticed Nina fixing her eyes on their continuing challenge. 연어들을 **보면서**, Marie는 Nina가 연어들의 계속되는 도전에 자신의 시선을 고정하고 있는 것을 봤다.	
	53	**notice Nina fixing her eyes on ~**	Nina가 ~에 자신의 시선을 고정하고 있는 것을 보다
	54	**continuing challenge / continuum**	계속되는 도전 / 큰 차이가 없는 요소들이 이어진 연속체
	55	**Nina's heart was beating fast at each leap and twist**	(연어들이) 매번 도약하고 몸을 뒤틀 때마다 Nina의 심장이 빨리 뛰고 있었다

inscribe [inskráib]

irony [áirəni]

upright [ʌ́pràit]

수능 어휘 플러스 308

001	courage / encourage / discourage	용기(= bravery) / 북돋우다 / 기를 꺾다, 말리다(= dissuade)
002	credulous / credible / creditable	쉽게 잘 속는(= gullible) / 믿을 만한 / 찬사를 보낼 만한
003	plaza / bizarre [bəzɑ́:r] / bazaar [bəzɑ́:r]	광장 / 괴상한(= odd, weird, outlandish) / 자선 바자회
004	superstition / superstitious	미신 / 미신적인
005	baffle / shuffle	당황하게 하다(= bewilder, perplex) / 뒤섞다, 발을 끌며 걷다
006	pay a (high) price / pay A back	(큰) 대가를 치르다 / A에게 돈을 갚다(= repay), A를 응징하다
007	trivial	사소한, 중요하지 않은 = unimportant, insignificant
008	proficient / proficiency	능숙한(숙달된 = skilled, adept, well versed) / 능숙(숙달)
009	switch / switch between A and B	스위치, 바꾸다, 켜거나 끄다 / A와 B를 (번갈아) 바꾸다
010	accommodate / accommodation	숙박시설을 제공하다(= lodge), 수용하다 / 숙박시설
011	out of the question / in question	불가능한(= inconceivable) / 이슈(문제)가 되는, 의심스러운
012	call off A / call on + A + to+v	A를 취소하다(= cancel A) / A에게 ~해 달라고 요청하다
013	dual / ritual / casual	이중의 / 종교 등의 의식, 반복 패턴 / 격식 없는, 평상복
014	testify / testimony	증언하다, 증명하다(~ to) / 증언, 증명(= testament)
015	expose / be exposed to A / exposure	노출시키다 / A에 노출되다 / 노출
016	contaminate / contamination	오염시키다(= pollute) / 오염
017	lick / leak / leakage / leakproof	핥다 / 유출(누출)하다, 누설하다 / 유출, 누설 / 누수 방지의
018	surge / sewage [sú:idʒ]	갑자기 밀려오다, 급상승하다, 쇄도, 급상승 / 하수, 오수
019	exemplify / exemplification	분명히 예로 보여주다(= illustrate, demonstrate) / 예시, 실례
020	disrupt / disruption / disruptive	진행을 방해하다(= disturb, interrupt) / 방해 / 방해하는
021	input / output	투입, 투입 요소(재료), 정보 입력 / 생산(산출 = production)
022	insulate / insulation	단열(보온)하다, (~을 안 겪게) 보호하다 / 단열(보온), 보호
023	sum / sum up A / in sum	금액(액수), 총합 / A를 요약하다(= summarize A) / 요약하면
024	sob / weep / wail	흐느끼다 / (감정에 북받쳐) 눈물을 흘리다 / 울부짖다
025	simultaneous / simultaneously	동시에 발생하는(= concurrent) / 동시에(= at once)
026	bless / bliss / browse	축복을 내리다 / 엄청난 행복(= joy) / 상점 물건을 둘러보다
027	obsess / be obsessed with(by) A	마음을 사로잡다(= preoccupy) / A에 사로잡히다
028	masculine / feminine / famine	남성의, 남자다운 / 여성의, 여자다운 / 굶주림(= starvation)
029	perplex / perplexed	완전히 당황하게 만들다(= baffle, bewilder) / 완전히 당황한

사위, 소나기, 등뼈 주다 sh___

신뢰성, 신용 cr___

반대로 비꼬는, 모순되는 ir___

shower [ʃáuər]

credibility [krèdəbíləti]

ironic [airάnik]

030	meek	조용하고 유순해 남의 말을 잘 따르는 = submissive
031	naïve(naive)	순진한 = innocent, ingenuous, unsophisticated
032	deliberate / liberate	의도적인, 신중한, 신중히 고려하다 / 해방하다, 풀어주다
033	belittle	얕보다 = depreciate, dismiss, downplay, play down
034	intimidate / intimidation	위협하다(겁주다 = scarce, threaten) / 위협(= threat)
035	the last 명사 + 주어 + 동사	절대 ~안 하다(~할 가능성이 없다 = the last 명사 + to+v)
036	optimistic / pessimistic / acoustic	낙관적인(= rosy, promising) / 비관적인 / 소리의, 청각의
037	prospect / prospective	가능성(= possibility, likelihood), 전망 / 향후 가능성이 있는
038	murder / hinder / hindrance	살해(하다) / 방해·지체시키다(= hamper, obstruct) / 방해
039	toxic / toxin / sin / fin / bin	독성의(= poisonous) / 독소 / 죄 / 지느러미 / 뚜껑 있는 통
040	compound / confound	화합물, 합성어, 복합의, 복리로 늘다 / 혼란스럽게 하다
041	cautious / caution / precaution	조심하는(= alert, wary) / 조심, 경고하다 / 사전 예방조치
042	be obliged to+v / obligation	의무적으로 ~해야 하다(= be required to+v) / 의무
043	declare / declaration	선언하다(공표하다 = proclaim) / 선언, 선고, 공표
044	integrity	도덕성(정직함 = honesty), 완전함(= unity, wholeness)
045	contact / intact	접촉·연락(하다) / 손상 없이 온전한(= undamaged, unharmed)
046	nominate / nomination	지명(임명, 추천)하다 = appoint / 지명(추천) = appointment
047	succumb to A	A에 저항을 접고 항복하다, A(질병 등)에 못 버티고 죽다
048	contempt / tempt / temptation	경멸(무시) / 유혹하다(= entice, lure, coax) / 유혹(= enticement)
049	on earth	(의미의 강조를 나타내며) 도대체 = in the world, at all
050	compel + A + to+v / compelling	A에게 ~하도록 강요하다 / 아주 흥미로운, 설득력 있는
051	assemble / assembly / disassemble	모으다(조립하다, 구성하다) / 조립, 집합, 국회 / 분해하다
052	mutate / mutation / mutant	변화되다(시키다) / 돌연변이 / 돌연변이로 생긴, 돌연변이체
053	ahead of A / ahead of one's time	A보다 앞선, A 앞에 곧 다가올 / 시대를 앞선
054	immune / immunity / immunize	면역의, 영향을 안 받는 / 면역, 면제 / 면역력을 갖게 하다
055	appliance / alliance	세탁기 및 전자레인지 같은 가전제품 / 동맹
056	abandon	버리고 찾아가지 않다(= desert), 그냥 그대로 놔두다
057	tenant / landlord / lord it over A	세입자 / 집주인, 건물주 / A보다 우월하다는 식으로 행동하다
058	rusty / rust / crust / dust / gust	녹이 슨, 기량이 녹슨 / 녹, 녹슬다 / 껍질 / 먼지 / 돌풍
059	transport / transportation	수송(운송)하다, 수송(운송) / 수송(운송, 이동 = transit)
060	hub / rub / cub	중심축(= axis), 중심지(= center, core) / 문지르다 / 동물 새끼

061	continent / continental	대륙 / 대륙의
062	futile	아무런 결과도 못 내고 허무한 = vain, fruitless, pointless
063	stand up for A / stand up to A	A를 지지하다(= advocate A) / A에 맞서다(= confront A)
064	execute / execution / executive	실행하다(= carry out), 처형하다 / 실행, 처형집행 / 임원(의)
065	engineer / pioneer / pioneering	기술자, 고안하다 / 새롭게 개척하다, 개척자 / 개척하는
066	damp / dampen	축축한(= moist, humid) / 축축하게 하다, 낙담(둔화)시키다
067	sanitation / sanitary	위생, 청결 / 위생적인, 청결한
068	shiver	공포 및 추위 등으로 떨다(= tremble, shudder), 그런 떨림
069	mirror / emperor / terror / terrorize	거울, 반영(반사)하다 / 황제 / 공포 / 두렵게 만들다(= terrify)
070	creep	천천히(몰래) 움직이다(기어가다) ⇒ creep – crept – crept
071	dodge / lodge / edge / on edge	피하다 / 숙박하다 / 가장자리(에 두다), 유리한 위치 / 긴장한
072	stuff / stiff / steep / sweep	물건, 채워 넣다 / 뻣뻣한 / 가파른, 변동이 급격한 / 휩쓸다
073	universe / traverse / verse / versed in A	우주, 세계 / 횡단하다 / 운문(↔ prose<산문>) / A에 정통한
074	come across A / come across as A	A를 우연히 마주치거나(= come upon A) / A라는 인상을 주다
075	concise	전체를 요약한, 간결한 = brief, compact, to the point
076	remark / remarkable	언급(하다) = mention / 놀랄 만한, 주목할 만한 = striking
077	sarcasm / sarcastic	비꼬는(빈정거리는) 말투 / 반대로 비꼬는 투의, 빈정거리는
078	soak / choke / poke / poke around (A)	젖다, 적시다 / 질식시키다 / 찌르다 / (A를) 뒤지며 찾다
079	pine / spine / spinal / spiral	소나무 / 척추(= backbone) / 척추의 / 나선형(의)
080	groan / roam / foam	충격 등으로 신음하다(= moan) / 배회하다 / 거품(이 일다)
081	agony / agonize	극도의 고통(= anguish, suffering, distress) / 몹시 걱정하다
082	resign / resignation / resigned to A	사임(사직)하다 / 사임(사직) / 단념하고 A를 받아들이는
083	amuse / accuse A of B / accusation	즐겁게 하다 / A를 B로 비난(고소)하다 / 비난, 고소(= lawsuit)
084	bribe / bribery	뇌물, 뇌물을 주다 / 뇌물 수수, 뇌물을 주거나 받는 행위
085	discriminate / discrimination	차별하다(~ against), 구별하다(= distinguish) / 차별
086	marital / capital	결혼의, 결혼과 관련된 / 수도, 자본(의), 대문자(의), 주요한
087	status	지위(= rank, standing), 높은 신분(= prestige), 상태(= state)
088	yield	생산하다, 마지못해 받아들이다(~ to), 항복하고 내놓다, 생산물
089	union / onion	노조(노동조합 = labor union, trade union), 결합 / 양파
090	on strike / go on strike / spike	파업한 / 파업하다(= walk out) / 공을 세게 때리다, 뾰족한 것
091	conceal / reveal	숨기다(= veil, cover up) / 드러내다(= disclose, give away, let on)

신용, 학점, 공을 돌리다 c____

A를 지지(옹호)하다 s____ by A

후원자, 고객(손님) pa____

credit [krédit]

stand by(behind) A

patron [péitrən]

092	dare + 동사원형(to+v) / daring	과감히(감히) ~하다 / 과감한(대담한 = bold, undaunted)
093	crave / grave	갈망하다 / 무덤, 중요한(= critical), 진지한(엄숙한 = solemn)
094	scrutinize / scrutiny	면밀하게 살펴보다(= examine thoroughly) / 면밀한 검토
095	address	주소, 연설, 연설하다, 문제 등을 다루다(= deal with)
096	for the time being	(나중에 변화가 생기기 전까지) 당분간은, 당장은 = for now
097	subscribe / subscriber / subscription	구독하다, 동의·지지하다(~ to) / 구독자 / 구독
098	abrupt / erupt	갑작스러운(= sudden), 짧고 무뚝뚝한(= blunt) / 분출하다
099	guarantee / A is guaranteed ~	보장(보증)하다, 보증(= warranty) / A는 ~이 보장돼 있다
100	compensate / compensation	부정적 요소를 보완해 주다, 보상하다(~ for) / 보완, 보상
101	deep-seated	관습 등이 깊게 뿌리 박힌 = deep-rooted, deeply embedded
102	prohibit / prohibition / prohibitive	금지하다 / 금지 / 금지하는, 가격 등이 엄두를 못 내게 하는
103	evidence / evident	증거(= proof) / 분명한(= plain, obvious, apparent, manifest)
104	overwhelm / overwhelming	압도하다, 감당할 수 없게 하다 / 압도적인, 감당 못하게 하는
105	treaty / treat / mistreat / retreat	조약 / 다루다, 치료하다 / 학대하다(= abuse) / 줄다, 후퇴(하다)
106	merge / emerge / submerge	합치다 / 나타나다 / 가라앉다, 가라앉히다, 몰두하게 하다
107	extinct / instinct / distinct	멸종한 / 본능(= intuition) / 구별이 분명한(= well-defined)
108	diminish	감소하다(= dwindle, lessen), 감소시키다(= decrease, lessen)
109	run for A / run over A / run out (of A)	A에 출마하다 / A를 차로 치다 / A가 바닥나다(떨어지다)
110	reckless	신중치 못하고 무모한 = careless, heedless, rash, impulsive
111	invest / investment / investor	투자하다 / 투자 / 투자자
112	coalition / in coalition with A	공통의 목적으로 결성된 연합 / A와 연합(연대)해
113	agile / fragile / fragility	민첩한, 영리한 / 깨지기 쉬운, 허약한(= frail) / 깨지기 쉬움
114	doomed / doom	불길함, 죽음, 불길한 운명을 드리우다 / 불길한 운명에 처한
115	troop / scoop / swoop	군대, 무리(떼) / 국자(로 떠내다) / 급강하하다, 들이닥치다
116	morale / demoralize	개인 및 조직의 사기 / 기를 꺾다(= discourage, dishearten)
117	surrender	항복하다, 항복하고 내놓다(= yield), 항복
118	in shape / out of shape	건강(몸) 상태가 좋은 / 건강(몸) 상태가 좋지 않은
119	make it a point to+v	~를 잊지 않고 반드시 챙기다 = make a point of ~ing
120	compare / comparative	비교하다, 비유하다 / 상대적인(비교적인 = relative)
121	textile / fertile / fertility / fertilize	옷감, 직물 / 비옥한 / 비옥함, 다작 / 땅을 비옥하게 하다
122	sacred	신성한(= holy, divine), 아주 가치 있고 중요한

123	eternal / eternity	영원한(= everlasting, timeless, permanent) / 영원함
124	bottom / bottom line / bottom-up	바닥 / 핵심, 최종 가격 / 상향식의(↔ top-down<하향식의>)
125	trait / bait	특성(= characteristic, attribute, feature) / (유혹하는) 미끼
126	carnivore / herbivore / omnivore	초식 동물 / 육식 동물 / 잡식 동물
127	differ from A / defer / defer to A	A와 다르다 / 미루다(= put off) / A에게 맡기다, A를 따르다
128	embrace / grace / graceful	포옹하다(= hug), 받아들이다(= accept) / 우아함 / 우아한
129	paradigm	참고가 되거나 구성을 설명해주는 이론(모델), 패러다임
130	rinse / convince / convinced	헹구다 / 납득시키다, 설득하다(= persuade) / 확신하는
131	stand in the way (of A)	(A에) 방해가 되다 = get in the way (of A)
132	objective / objection	목표(목적), 객관적인(↔ subjective<주관적인>) / 반대
133	flexible / inflexible / flexibility	유연한, 융통성 있는 / 뻣뻣한, 융통성 없는 / 유연함, 융통성
134	barometer / diameter / radius	기압계, 상징·예측해 주는 지표(= standard) / 지름 / 반지름
135	volume	음악 볼륨, 부피(= capacity), 양(= quantity, amount), (책) 권
136	shrink	수축하다(= contract), 움츠리다 ⇒ shrink – shrank – shrunk
137	warranty / plenty of A / plentiful	보증서 / 많은, 많은 양의 A(= a great deal of A) / 풍부한
138	be in charge of A	A를 책임지다 = be charged with A, take charge of A
139	hygiene / hygienic	위생(청결 = sanitation) / 위생(청결)과 관련된, 위생적인
140	in line with A / down the line	A와 맞춘(일치된) = in accordance with A / 나중에, 미래에
141	mutual / mutuality	서로의(= reciprocal, correlative, interactive) / 상호 연결
142	adverse / adversity / adversary	좋지 않은(불리한) / 역경(불운 = hardship) / 적(= opponent)
143	enrich	더 부유하게(풍부하게) 해 주다, 질적으로 더 향상시키다
144	synonym / antonym	동의어 / 반의어
145	veil / unveil	얼굴을 가리는 베일, 숨기다(=conceal) / 드러내다(= reveal)
146	ambition / ambitious	의욕(야망 = aspiration) / 의욕적인(야망이 넘치는 = aspiring)
147	expand / expansion / expansive	확장하다(부풀다 = enlarge) / 확장 / 광범위한(= extensive)
148	retail / wholesale	소매, 소매의 / (소매업자에게 대량으로 파는) 도매, 도매의
149	inspect / inspection / inspector	자세히 검토하다(살펴보다) / 세밀한 검토(조사) / 조사관
150	petition / petitioner	탄원(청원), 탄원서, 탄원하다(공식 요청하다) / 탄원(청원)자
151	impair / impaired / impairment	손상시키다(= compromise) / 손상된(= damaged) / 손상
152	investigate / investigation	조사하다(수사하다 = probe, inquire into) / 조사(수사)
153	power failure / power shortage	정전(단전 = power cut, blackout) / 전력 부족

불신하다, 명예 실추 disc____

시차 부적응 증상 jet l____

유행성 독감 inf____

No.	Expression	Meaning
154	detect / detection / detective	발견·탐지하다(= spot, discover) / 발견(탐지) / 탐정, 수사관
155	repair / irreparable / vulnerable	수리하다 / 고칠 수 없는(= beyond repair) / 영향 받기 쉬운
156	fatal / fatality	치명적인(= deadly, lethal, life-threatening) / 사망 유발, 사망자
157	flaw / flawed / flawless	결함(약점 = defect) / 결함이 있는 / 결함이 없이 완벽한
158	be adept at A	A에 아주 능숙하다 = be proficient(skillful) at(in) A
159	sustain / sustainable / sustainability	지속하다, 지탱하다 / 지속 가능한 / 지속 가능성
160	designate / designated / designation	지정(지명, 임명)하다 / 지정(지명, 임명)된 / 지정(지명, 임명)
161	suppress / suppression	억누르다(억제하다 = withhold, subdue, restrain) / 억제
162	distract / distraction	주의를 산만하게 하다(= divert) / 주의 산만(= diversion)
163	outstanding / stand out	두드러진, 뛰어난(= superb) / 두각을 나타내다(= stick out)
164	resilient / resilience	역경을 딛고 회복하는, 탄력 있는 / 역경 극복 능력, 탄력
165	mount / surmount / insurmountable	올라타다, 증가하다 / 극복하다(= overcome) / 극복할 수 없는
166	hurdle	장애물(역경 = obstacle), 장애물을 넘다, 역경을 극복하다
167	introverted / extroverted	내성적인(= withdrawn) / 외향적인(= outgoing)
168	accept A for who[what] A is	(다른 식으로 생각하지 않고) A 자체를 그대로 받아들이다
169	get away with A	A(처벌, 비난 등)를 피하다(모면하다), A를 갖고 도망가다
170	violate / violation	위반하다(= breach), 침해하다(= intrude upon) / 위반, 침해
171	compatible / compatibility	서로 잘 어울리는, 함께 사용될 수 있는 / 조화, 호환성
172	carry on with A	A를 계속 하다 = carry on A, keep on A, continue A
173	resent / resentful / resentment	분노하다(= feel angry, feel upset) / 분노하는 / 분노(= rage)
174	intrude / intrusion / intrusive	침범(침해, 간섭)하다 / 침범(침해) / 침범(침해)하는
175	prevail / prevalent / prevalence	이기다(= triumph), 널리 퍼지다 / 널리 퍼진 / 유행, 확산
176	be inclined to+v / decline	~하는 경향이 있다(= be disposed to+v) / 줄다, 거절하다
177	instill / distill	관념 등을 주입하다(= infuse) / 증류하다, 핵심을 걸러내다
178	buy (into) A / sell A	A(관점·이론 등)를 받아들이다 / A를 받아들이도록 설득하다
179	make up for A / make it up to A	A(손실)를 보충(보상)하다 / 실수 등에 대해 A에게 보상하다
180	hydrogen / dehydrate / dehydration	수소 / 수분을 빼다, 탈수되다 / 탈수
181	(every) once in a while	가끔 = occasionally, at times, from time to time
182	be opposed to A	A에 반대하다 = oppose A, object to A
183	recruit	채용(모집, 징집)하다, 신입사원, 신병
184	foresee / foreseeable	예측하다(= predict, forecast, anticipate) / 예측 가능한

discredit [diskrédit]

jet lag [dʒɛt læg]

influenza [influénzə] = flu

185	surplus / shortage	잉여(과잉 = excess) / 부족(결핍 = deficiency, deficit)
186	dispel	부정적 생각을 떨쳐 버리다 = banish, dismiss, drive away
187	mobile / mobilize / mobility	이동이 가능한 / 인원·지지 등을 모으다, 모이다 / 이동성
188	pedestrian	보행자, 평범한(= ordinary)
189	conscious / unconscious / subconscious	의식이 있는, 의식적인 / 의식이 없는 / 잠재의식적인
190	intersect / intersection	교차하다, 서로 겹치다(= overlap) / 교차로(사거리), 교차
191	sour / sore / soar / roar / uproar	맛이 신 / 아픈 / 솟아오르다 / 으르렁거리다 / 소란(소동)
192	gape / escape / scrape / skyscraper	입을 떡 벌리다 / 탈출하다 / 긁다, 긁어 없애다 / 고층 건물
193	radiate / radiation / radiant	중심에서 퍼져 나가다, 발산하다 / 방사, 방사능 / 빛나는
194	assure / assurance / self-assurance	확실히 하다(보장하다 = ensure) / 확신, 보장 / 자신감
195	turn down A	A를 거절하다(= reject A, throw out A), A(볼륨 등)를 낮추다
196	oppress / oppression	탄압하다(= persecute), 짓누르다 / 탄압(= persecution)
197	synonymous / anonymous / unanimous	동의어인 / 익명의(이름을 밝히지 않는) / 만장일치의
198	give away A	A를 거저 주다, A(비밀 등)를 드러내다, A를 허무하게 잃다
199	assert / assertion / assertive	강하게 주장하다 / 강한 주장 / 자신감 있는(= confident)
200	assault	폭행, 공격, 심한 비난 / 폭행(공격)하다, 심하게 비난하다
201	sensor / censor / censorship	감지 장치 / 책, 방송, 편지 등을 검열하다, 검열관 / 검열
202	lament	안타깝게 여기다, 슬퍼하다(= mourn), 안타까움, 슬픔
203	handicap / handicapped	장애(= disability), 지장, 지장을 주다 / 장애가 있는
204	deprive A of ~ / A is deprived of ~	A로부터 ~를 빼앗다(박탈하다) / A가 ~를 빼앗기다
205	innate	타고난, 본질적인 = natural, inborn, inherent, intrinsic
206	dejected	슬프고 낙담한 = depressed, dispirited, disheartened, gloomy
207	abound / abundant / abundance	풍부하다, 많다 / 풍부한(= plentiful, ample) / 풍부함
208	skim / slim / trim / rim	걷어내다 / 날씬한(= slender) / 잘라내다 / 테두리(를 형성하다)
209	impersonal / interpersonal	냉정한, 사적인 감정에 얽매이지 않는 / 사람과 사람 사이의
210	offset(= counterbalance)	한쪽 효과에 대해 반대 효과를 내서 균형을 맞추다, 상쇄하다
211	suburb / suburban	대도시 인근의 교외(근교 = outskirts) / 교외의, 근교의
212	evacuate / evacuation / vacate / vacant	대피(피난)하다 / 대피(피난) / 비우다(떠나다) / 텅 빈
213	content / contentment	내용, 만족한(= contented, satisfied) / 만족(= satisfaction)
214	ponder / render	신중히 생각하다(= meditate) / ~하게 만들다, 주다, 표현하다
215	dignity / dignify / signify / magnify	위엄, 존엄성 / 위엄 있게 만들다 / 나타내다 / 확대하다

조각·헝겊(으로 붙이다) pa____

장엄하고 아름다운 maj____

재난, 재앙 di____

216	refer to A / refer to A as B	A를 나타내다(언급하다), A를 참고하다 / A를 B라고 부르다
217	virtue / by virtue of A	도덕성(미덕, 선 = morality), 장점 / A 때문에, A의 결과로
218	humility / humidity	겸손(= humbleness, modesty) / 습도, 습기(= moisture)
219	humble / crumble / grumble	겸손한(= modest, unassuming) / 잘게 부서지다 / 투덜거리다
220	bay / obey / obedient / obedience	만 / 복종하다(= comply with) / 복종하는(= compliant) / 복종
221	sorrow / sorrowful	슬픔(= grief, mourning, sadness) / 슬픈, 슬픔으로 가득한
222	timid / humid	소심한(= shy, fainthearted) / 습한
223	apprehend / apprehensive	붙잡다(= arrest) / 불안해 하는(= anxious, uneasy, fearful)
224	surpass / bypass / passerby	능가하다(= exceed, excel) / 우회로, 우회하다, 피하다 / 행인
225	(the) odds are that ~	~일 가능성이 높다 = (the) chances are that ~, it is likely that ~
226	envy / envious	부러움, 부러워하다 / 부러워하는(~ of)
227	jealousy / jealous / zealous	질투 / 질투하는(~ of) / 목표를 향해 열정적인
228	dismiss / dismissive	무시하다(= disregard), 해고하다, 가게 해 주다 / 무시하는
229	deceive / deception / deceptive	속이다 / 사기(= deceit, fraud) / 속이는(= misleading)
230	supervise / supervision / supervisor	관리(감독)하다 / 관리(감독) / 관리(감독)자, 상사
231	illuminate / illumination	밝게 비추다, 분명히 설명하다 / 조명, 분명한 깨달음(이해)
232	principle / principal / municipal	원칙, 원리 / 주요한, 교장, 원금 / 시의, 시에서 운영하는
233	at any price	어떤 일이 있어도 꼭 = at all costs, at any cost, no matter what
234	ubiquitous	모든 곳에 존재해 있는 것 같은 = pervasive, omnipresent
235	vice / vicious	악, 부도덕성 / 잔인한(= brutal), 사악한(= wicked), 위험한
236	assess / assessment	평가하다(= evaluate, appraise) / 평가(= evaluation, appraisal)
237	peculiar / peculiarity	특이한(= unusual, odd, bizarre, weird, eccentric) / 특이한 점
238	indulge / indulgent	맘껏 ~하다(~ in), 맘껏 하게 해 주다 / 맘껏 하게 해 주는
239	at ease / ill at ease	편안해 하는(= relaxed) / 불안(불편)해 하는(= uneasy)
240	compliment / complement	칭찬, 칭찬하다 = praise / 보완(보충), 보완(보충)하다
241	sly / sleigh	간사하고 꾀를 부리는(교활한 = cunning, deceitful) / 큰 썰매
242	satire / satirical	비웃으며 비판하는 풍자 / 비웃으며 비판하는, 풍자적인
243	scorn / scornful	깔보다, 깔보며 거절하다, 냉소(= contempt) / 깔보는
244	be struck by A / be struck with A	A에 의해 큰 인상을 받다 / A(공포 등)를 강하게 느끼다
245	overlap / override	겹치다, 중복되다 / 무효로 하다(뒤엎다 = overrule), 압도하다
246	converge / diverge	하나로 합쳐지다, 수렴하다 / 한곳에서 갈라지다(= split)

patch [pætʃ]

majestic [mədʒéstik]

disaster [dizǽstər] = catastrophe

247	overdraw / withdraw / withdrawn	초과 인출하다 / 인출하다, 철수(철회, 후퇴)하다 / 내성적인
248	revise / revision	개선을 위해 수정하다(= change, modify, rework) / 수정
249	for a rainy day	(저축 등과 관련해) 미래에 상황이 좋지 않을 때를 대비해
250	unearth / earthly	발굴하다(= dig up, excavate), 찾아 내다(= reveal) / 세속적인
251	regret / regretful / regrettable	후회, 후회하다 / 후회하는 / 안타까운(= unfortunate)
252	undergo / underground	겪다(경험하다 = experience, go through) / 지하의, 지하에
253	cosmetic / cosmetic surgery	미용의, 화장품(~s) / 미용을 목적으로 한 성형수술
254	modest / modesty	과하지 않고 적당한(= moderate), 겸손한 / 적당함, 겸손함
255	attain / attainment / ailment	성취하다(이르다 = accomplish, reach) / 성취, 도달 / 질병
256	A, let alone(much less) B	B는커녕 A도 아니다, A가 아닌데 B는 더더욱 아니다
257	for all A	A에도 불구하고 = despite A, in spite of A, notwithstanding A
258	stingy	인색한(= miserly, ungenerous) ↔ generous(후하게 베푸는)
259	fake / rake / stake / at stake	가짜(의) / 갈퀴(로 모으다) / 말뚝, 지분 / 위기에 처한(= at risk)
260	benevolent(= philanthropic)	마음이 따스한(= warmhearted), 자선을 베푸는(= charitable)
261	feel for A	A에게 동정심을 느끼다 = have compassion(pity) for A
262	orphan / orphaned / orphanage	고아 / 고아가 된 / 고아원
263	adopt / adrift	채택(입양)하다, 태도를 취하다 / 정처없이 표류하는(떠도는)
264	geometry / symmetry / asymmetry	기하학 / 균형, 대칭 / 불균형, 비대칭
265	A is to B what C is to D	A와 B의 관계는 C와 D의 관계와 같다
266	turbulent / turbulence	요동치는, 무질서하고 혼란스러운 / 요동, 무질서와 혼란
267	trigger	방아쇠, 유발 요인, 유발하다(= bring about<on>, give rise to)
268	prosper / prosperity / disparity	경제적으로 번영하다(= thrive, flourish) / 번영 / 차이(불균형)
269	intertwine	서로 엮다(엮이다), 밀접하게 연관시키다(연관되다)
270	pervade / pervasive	넓게 퍼지다 / 넓게 퍼져 있는(= prevalent, widespread)
271	enforce / reinforce	법을 시행하다(= implement), 강요하다 / 강화하다
272	deter	단념시키다, 못하게 막다 = discourage, dissuade, prevent
273	justice / injustice	정의(공정 = fairness) / 부당함, 불공정(= unfairness)
274	repress / irrepressible	억누르다(억제하다 = subdue, restrain) / 억제할 수 없는
275	pulse / impulse / impulsive	맥박 / 충동(= urge, compulsion) / 충동적인(= spontaneous)
276	hit on(upon) A / hit (it) big	A를 우연히 생각해 내다 / 크게 성공하다 = make it big
277	dialogue / intrigue / intriguing	대화 / 호기심을 끌다(= captivate, hook) / 호기심을 끄는

포크, 갈림, 길이 갈라지다 f____

유전되는, 세습되는 her____

울퉁불퉁한, 힘겨운 ru____

278	fatigued / fatigue / dig / wig / wag	녹초가 된 / 피곤(하게 하다) / 파다 / 가발 / 꼬리를 흔들다
279	listless / restless	무기력한(= spiritless) / 안절부절못하는(= uneasy, ill at ease)
280	next to A	A의 옆에(= beside A), 거의 A인(= almost A, nearly A)
281	impose	세금·형벌 등을 부과하다, 강요하다, 제한 등을 가하다
282	ban	금지하다(= forbid, prohibit, outlaw), 금지(= prohibition)
283	adolescence / adolescent / scent	청소년기(사춘기) / 청소년, 청소년의(사춘기의) / 향기
284	heir / inherit / inheritance / heritage	상속(후계)자 / 물려받다 / 상속(유산 = legacy) / 문화 등 유산
285	boast / coast / roast / toast	뽐내다(= brag, show off), 자랑 / 해안 / 굽다 / 토스트, 건배
286	strain / strained	압박감(긴장), 잡아당기다, 긴장시키다 / 긴장된, 강요된
287	characterize / be characterized	특징화시키다(= mark), 묘사하다 / 특징화(묘사)되다
288	the former / the latter	전자 / 후자
289	ceiling / cling to A	천장 / A에 매달리다, A를 고수하다(= adhere to A, stick to A)
290	persevere / perseverance	역경을 딛고 계속 나아가다(= persist) / 끈기(= persistence)
291	against all odds / at odds with A	모든 역경을 딛고 / A와 의견이 대립하는
292	bid / forbid / forbidden / forbidding	입찰(하다) / 금하다(= ban, bar) / 금지된 / 위협적인
293	tolerate / tolerant / tolerance	관용을 베풀다, 참다 / 관용을 베푸는, 관대한 / 관용(포용력)
294	possess / possession / self-possessed	소유하다 / 소유 / 어려운 상황에서도 침착한(= collected)
295	subsidize / subsidy	보조금을 주다 / 보조금
296	inhibit / inhibition	제약을 가하다(막다 = prohibit) / 제약, 감정적인 억제
297	notify / notification / notice	알리다(통보하다 = inform) / 통지(통보) / 알아채다, 통지
298	commute / commuter / telecommute	(직장과 집을 오가며) 통근하다, 통근 / 통근자 / 재택근무하다
299	call for A / wake-up call	A를 요구하다(꼭 필요로 하다 = require A) / 각성, 깨달음
300	reserve / reserved	예약하다, 비축하다 / 예약된, 속내를 잘 내비치지 않는
301	correspond / correspondent	~에 해당하다, ~과 일치하다, ~과 서신을 교환하다 / 특파원
302	take the initiative (in ~)	(~하는 데) 남들보다 앞서 주도적으로 나서다
303	break the ice	모임 등에서 농담 등으로 어색한 분위기를 누그러뜨리다
304	envision	상상하다 = imagine, visualize, fantasize, picture
305	neglect / negligent / negligence	방치하다, 소홀히 하다, 방치 / 방치하는, 태만한 / 방치, 태만
306	erode / erosion	침식하다(침식되다), 훼손하다(훼손되다) / 침식, 훼손
307	thrive / tribe / tribal	번영·발전하다(= prosper, flourish) / 부족, 종족 / 부족의
308	skeptic / skeptical / skepticism	회의적인(의심이 많은) 사람 / 회의적인 / 회의적인 시각

2020학년도 대학수학능력시험

영어영역(홀수형) 핵심 번호식별 문제지

2020학년도 대학수학능력시험

영어영역(홀수형) 핵심 번호식별 문제지

1번부터 17번까지는 듣고 답하는 문제입니다. 1번부터 15번까지는 한 번만 들려주고, 16번부터 17번까지는 두 번 들려줍니다. 방송을 잘 듣고 답을 하시기 바랍니다.

1. 대화를 듣고, 남자의 마지막 말에 대한 여자의 응답으로 가장 적절한 것을 고르시오.

① Okay. I'll send the address to your phone.

② Yes. I'll **have** your dress **cleaned** by noon. [1]

③ Of course. I'll open the shop tomorrow.

④ No. I'm not moving to a new place.

⑤ Too late. I'm already back at home.

[Cell phone rings.]

M: Honey, I've just left work. I'll be home in half an hour.

W: Good. Is it possible for you to ***stop by*** [2] *the dry cleaner's shop and* ***pick up*** [3] *my dress?*

M: Sure. Can you tell me ***where*** [4] *the shop* ***is located****?*

W: ________________________________

2. 대화를 듣고, 여자의 마지막 말에 대한 남자의 응답으로 가장 적절한 것을 고르시오.

① Unbelievable. I'm really going to be **on stage** [1] today.

② **Absolutely** [2]. **I'm** [3] so **eager to** see him sing **in person** [4].

③ Not really. He wasn't **as amazing as I expected** [5].

④ Sure. I'll find someone else to **perform instead** [6].

⑤ Oh, no. You **shouldn't have missed** [7] his performance.

W: David, look at this ***advertisement****! Jason Stevens is going to sing at the opening of City Concert Hall next Saturday.*

M: Wow! You know I'm a big fan of him, Mom. Luckily, I don't ***have*** *anything* ***scheduled*** *that day.*

W: Great. ***Mark*** *the date on your* ***calendar****, so you don't miss his performance.*

M: ____

3. 다음을 듣고, 남자가 하는 말의 목적으로 가장 적절한 것을 고르시오.

① 백화점 주말 특별 행사를 안내하려고

② 백화점 층별 신규 매장을 소개하려고

③ 주차장 이용 요금 변경을 공지하려고

④ 고객 만족도 조사 참여를 요청하려고

⑤ 백화점 회원 가입 방법을 설명하려고

M: Shoppers, may I have your attention please? Thank you for visiting Miracle Department Store. We'd like to ***inform*** *you* ***of*** *the special events* ***going on*** *through this weekend. First, we're* ***offering*** *a 50 percent* ***discount*** *on* ***certain electronics*** *and* ***sporting goods*** *on the seventh floor. Second, we're* ***providing*** *a* ***free beverage*** *at our coffee shop on the first floor to shoppers* ***who*** *spend over $50. Third, we're also* ***giving away*** *$10* ***gift certificates*** *to all shoppers who spend over $100.* ***Last but not least****, you* ***don't have to*** *worry about* ***parking fees*** *this weekend. Parking is free. We hope you enjoy this weekend's special events at our department store.*

4. 대화를 듣고, 여자의 의견으로 가장 적절한 것을 고르시오.

① 왼쪽 신체의 잦은 사용은 두뇌 활동을 촉진한다.

② 수면 시간과 심장 기능은 밀접한 관련이 있다.

③ 왼쪽으로 누워 자는 것은 건강에 도움이 된다.

④ 규칙적인 운동은 소화 불량 개선에 필수적이다.

⑤ 숙면은 정신 건강을 유지하는 데 중요한 요인이다.

공포(에 사로잡히다) **p____**

복잡하고 관료주의적인 **bur____**

사회의 각계각층 **all w___ of life**

panic [pǽnik]

W: Hi, Sam. How are you?

M: Fine. How about you, Christine?

W: I feel really good.

M: Wow! What happened to you? You usually say you're tired.

W: Well, I changed **how I sleep**[1]. I started **sleeping on my left side**[2], and it has **improved**[3] my health.

M: Really?

W: Yeah. I've done it for a week, and my **digestion**[4] has **got better**.

M: I didn't know **how we sleep**[5] **has something to do with**[6] digestion.

W: It does. Sleeping on your left side helps the **digestive process**[7] because your **stomach**[8] is on the left.

M: I can see that. But does improving digestion make you **that much healthier**[9]?

W: Sleeping on the left side does more than that. I think it's good for health because it also helps **blood circulation**[10] to the heart.

M: **That makes sense**[11]. I guess I should try it.

bureaucratic [bjùərəkrǽtik]

---

5. 대화를 듣고, 두 사람의 관계를 가장 잘 나타낸 것을 고르시오.

① 곤충학자 - 학생
② 동물 조련사 - 사진작가
③ 농부 - 잡지기자
④ 요리사 - 음식 평론가
⑤ 독자 - 소설가

M: Hello, I'm Ted Benson. You must be Ms. Brown.

W: Hi, Mr. Benson. Thank you for **sparing time**[1] for this interview. **I've wanted**[2] to meet you **since** you won the "Best Rice Award."

M: I'**m honored**[3]. I'm a **regular reader**[4] of your magazine. The **articles**[5] are very **informative**.

W: Thank you. Can you tell me the **secret**[6] to your **success**?

M: I grow rice without using any **chemicals**[7] to kill **harmful insects**[8]. It's **organic**[9].

W: How do you do that?

M: I **put ducks**[10] into my fields, and they eat the insects.

W: So that's **how**[11] you grew the best rice in the country. What a great idea!

all walks of life

*M: Yeah, that's the **know-how**[12] I've got from my 30 years of farming life.*

*W: Well, it's amazing. May I take a picture of you in front of your **rice fields**[13] for my magazine article?*

M: Go ahead.

---

6. 대화를 듣고, 그림에서 대화의 내용과 일치하지 않는 것을 고르시오.

W: What are you looking at, honey?

*M: Aunt Mary sent me a picture. She's already **set up**[1] a room for Peter.*

*W: Wow! She's excited **for**[2] him **to stay** during the winter vacation, isn't she?*

*M: Yes, she is. I like the **blanket**[3] with the **checkered pattern**[4] on the bed.*

W: I'm sure it must be very warm. Look at the chair below the window.

*M: It looks **comfortable**[5]. He could sit there and read.*

*W: Right. I guess that's why Aunt Mary put the **bookcase**[6] next to it.*

M: That makes sense. Oh, there's a toy horse in the corner.

W: It looks real. I think it's a gift for Peter.

*M: Yeah, I remember she **mentioned**[7] it. And do you see the **round mirror**[8] on the wall?*

W: It's nice. It looks like the one Peter has here at home.

M: It does. Let's show him this picture.

뜨다 / 가라앉다 **f**___ / **s**___

산호 / 산호초 **c**___ / **c**___ **reef**

~할 것 같은, 책임이 있는 **li**___

float [flout] / sink [siŋk]

7. 대화를 듣고, 여자가 할 일로 가장 적절한 것을 고르시오.

① 간식 가져오기 ② 책 기부하기

③ 점심 준비하기 ④ 설거지하기

⑤ 세탁실 청소하기

M: Good morning, Jane.

W: Good morning, Mr. Smith.

M: Thanks for ***volunteering*** [1] *to work at our* ***senior citizen*** [2]*'s center again.*

W: I'm happy to help. And I brought some snacks for ***the elderly*** [3]*.*

M: ***How considerate of you*** [4]*! Last time you* ***donated*** [5] *some books. Everyone really enjoyed reading them.*

W: ***It was my pleasure*** [6]*. So,* ***what am I supposed to do*** [7] *today? Should I* ***prepare*** *lunch like I* ***did*** [8] *before?*

M: There are some other volunteers today, and they'll do that work.

W: Good. Then what would you like me to do?

M: Well, you could ***do the dishes*** [9] *or clean the* ***laundry*** [10] *room.*

W: ***I'm good at*** [11] washing dishes*. So I'll do that.*

M: Great. We'll ***have*** [12] *someone else* ***clean*** *the laundry room.*

---

coral [kɔ́:rəl] / coral reef [ri:f]

8. 대화를 듣고, 남자가 요리 대회 참가를 포기한 이유를 고르시오.

① 다친 팔이 낫지 않아서

② 조리법을 완성하지 못해서

③ 다른 대회와 일정이 겹쳐서

④ 입학시험 공부를 해야 해서

⑤ 대회 전에 유학을 떠나야 해서

liable [láiəbəl]

W: Hi, Michael.

M: Hi, Sarah. Did you ***apply for*** [1] *the* ***cooking contest****?*

W: I did. I've already finished ***developing*** [2] *a* ***recipe****.*

M: That's great. Actually, I ***gave up*** [3] *participating in it.*

W: Why? Is your arm still hurt?

*M: No, it's **fully healed**[4].*

W: Is your recipe not ready yet?

*M: I already created a **unique**[5] recipe for the contest.*

*W: Then, what **made**[6] you **give up** the contest?*

*M: You know I've planned to **study abroad**[7]. The cooking school in Italy just **informed**[8] me **that** I've been **accepted**[9]. The problem is I have to leave before the contest begins.*

*W: I'm sorry you'll **miss**[10] the contest. But it's good for you since you've always wanted to study in Italy.*

M: I think so, too. I wish you luck in the contest.

W: Thanks. I'll do my best.

---

9. 대화를 듣고, 여자가 지불할 금액을 고르시오. [3점]

① $72 ② $74 ③ $76 ④ $78 ⑤ $80

M: Welcome to the Science and Technology Museum. How can I help you?

*W: Hi. I want to buy **admission tickets**[1].*

M: Okay. They're $20 for adults and $10 for children.

*W: Good. Two adult tickets and two child tickets, please. And I'm a member of the National Robot Club. Do I **get a discount**[2]?*

M: Yes. You get 10 percent off all of those admission tickets with your membership.

W: Excellent.

M: We also have the AI Robot program. You can play games with the robots and take pictures with them.

W: That sounds interesting. How much is it?

*M: It's just $5 per person. But the membership discount does not **apply to**[3] this program.*

W: Okay. I'll take four tickets.

M: So two adult and two child admission tickets, and four AI Robot program tickets, right?

W: Yes. Here are my credit card and membership card.

찾아내다, 반점, 장소 sp___

형편없는, 상태가 안 좋은 lo___

충성스러운, 충실한 lo___

10. 대화를 듣고, Ten Year Class Reunion Party에 관해 언급되지 <u>않은</u> 것을 고르시오.

① 장소 ② 날짜 ③ 회비

④ 음식 ⑤ 기념품

spot [spɑ:t]

*W: Hi, Ross. How's everything going for our Ten Year **Class Reunion**[1] Party?*

*M: I think **we're done**[2], Jennifer.*

*W: Then let's **go over**[3] what we've prepared.*

*M: I already **booked**[4] the Silver Corral Restaurant for the party.*

*W: Good. It **must have been**[5] very difficult to **get a reservation**[6] because our party is on December 24th.*

M: Yeah, we were lucky.

*W: What food will they **serve**[7]?*

*M: Their steak, spaghetti, and pizza are famous, so that's **what**[8] I ordered.*

*W: Sounds delicious. And the **souvenirs**[9] for the party are ready, too.*

*M: You ordered **mugs**[10] for souvenirs, right?*

W: Yes, I did. I'll bring them that day.

M: Perfect. It's going to be a great party.

lousy [láuzi]

---

11. Green Ocean 영화 시사회에 관한 다음 내용을 듣고, 일치하지 <u>않는</u> 것을 고르시오.

① 100명을 초대할 예정이다.

② 다음 주 토요일 오후 4시에 시작할 것이다.

③ 영화 출연 배우와 사진을 찍을 수 있다.

④ 입장권을 우편으로 보낼 예정이다.

⑤ 초대받은 사람은 극장에서 포스터를 받을 것이다.

loyal [lɔ́iəl]

*W: Hello, listeners. Welcome to Good Day Movie. We'd like to **let** you **know** about[1] a great chance to see the **preview**[2] of the movie Green Ocean by Feather Pictures. One hundred people **will be invited**[3] to the event. It'll begin at the Glory Theater at 4 p.m. next Saturday. After watching the movie, you can meet and take pictures with the actors of the movie. If you're interested, **apply for admission tickets**[4] on the Green Ocean homepage, and the tickets will be sent by text message to **the first 100 people who apply**[5]. Those who are* *invited will be given a* ***poster***[6] *at the theater. Hurry up and don't miss this chance to watch Green Ocean* ***in advance***[7]*. Now we'll be back after the* ***commercial break***[8]*. So* ***stay tuned***[9]*.*

---

12. 다음 표를 보면서 대화를 듣고, 두 사람이 예약할 항공편을 고르시오.

Flight Schedule to New York City Area

	Flight	Ticket Price	Departure Time	Arrival Airport	Stops
①	A	$600	6:00 a.m.	JFK	1 stop
②	B	$625	10:00 a.m.	Newark	Nonstop
③	C	$700	11:30 a.m.	JFK	1 stop
④	D	$785	2:30 p.m.	JFK	Nonstop
⑤	E	$810	6:30 p.m.	Newark	1 stop

M: Ms. Roberts, we're ***going on a business trip***[1] *to New York City next week. Why don't we* ***book the flight***[2] *on this website?*

W: Okay, Mr. White. Let's take a look at the flight schedule.

M: Sure. How much can we spend on the flight?

W: Our ***company policy***[3] *doesn't* ***allow*** *us* ***to spend***[4] *more than $800* ***per***[5] *ticket.*

M: I see. And what about the ***departure time***[6]*? I have to take my daughter to* ***daycare***[7] *early in the morning that day.*

W: Then how about choosing a flight after 9 a.m.?

M: That'll be great. Which airport should we arrive at?

W: JFK is ***closer to***[8] *the company we're visiting.*

M: Oh, you're right. Let's go there.

W: Then we have two options left, ***nonstop*** *or* ***one stop***[9]*.*

M: I don't want to spend hours waiting for a ***connecting flight***[10]*.*

W: ***Me, neither***[11]*. We should choose the nonstop flight.*

M: Okay. Let's book the flight now.

함정(에 갇히게 하다) **tr___**

용암 / 애벌레 **la___ / la___**

헐거운 / 완화하다 **l___ / l___**

13. 대화를 듣고, 여자의 마지막 말에 대한 남자의 응답으로 가장 적절한 것을 고르시오.

Man:

① **It's worthwhile to** spend money on my **suit**.

② **It** would be **awesome to borrow** your brother's.

③ Your brother will have a fun time at the festival.

④ I'**m looking forward to** seeing you in a new suit.

⑤ You're going to build a great **reputation** as an MC.

W: Hi, Justin. I heard you're going to be the MC at the school festival.

M: Yes, I am, Cindy.

W: Do you have everything ready?

*M: **Mostly**. I have all the **introductions** ready and I've practiced a lot.*

W: I'm sure you'll do a great job.

M: I hope so, too. But there's one thing I'm worried about.

W: What is it?

M: I need a suit, so I'm thinking of buying one. But it's expensive, and I don't think I'll wear it after the festival.

*W: Well, if you want, I can **ask** my older brother **to lend** you one of his **suits**. He has a lot of them.*

M: Could you please?

W: I'd be happy to.

*M: Thanks. But **will his suit be my size**?*

*W: It will. You and my brother **pretty much** have the same **build**.*

M: ______________________________

trap [træp]

lava [lɑ́ːvə] / larva [lɑ́ːrvə]

loose [luːs] / loosen [lúːsn]

14. 대화를 듣고, 남자의 마지막 말에 대한 여자의 응답으로 가장 적절한 것을 고르시오.

[3점]

Woman:

① **Definitely**[1]! This book isn't as interesting as yours.

② **Terrific**[2]! I'll **check** right away **if** there are[3] any **nearby**[4].

③ **Never mind**[5]. I won't **take that course** next semester[6].

④ Really? I didn't know you have a **degree** in **philosophy**[7].

⑤ Why not? You can join my **philosophy discussion group**[8].

M: Amy, what are you reading?

W: Dad, it's a book for my philosophy course.

M: Let me take a look. Wow! It's a book by Kant.

W: Yeah. It's very difficult to understand.

M: You're right. His books ***take a lot of effort to*** *read*[9] ***since***[10] *they* ***include***[11] *his* ***deep knowledge*** *and* ***thoughts***[12]*.*

W: I think so, too. Do you have any ideas for me to understand the book better, Dad?

M: Well, why don't you join a philosophy discussion group? You can find one in our area.

W: Are there discussion groups for philosophy? That sounds interesting.

M: Yeah. You can ***share ideas with*** *others*[13] *in the group about the book you're reading.*

W: You mean I can understand Kant's book more clearly by discussing it?

M: Absolutely. ***Plus,***[14] *you can develop* ***critical thinking skills***[15] *in the group* ***as well***[16]*.*

W: ______________________________

너무 좋아하다, 흠모하다 **ad**____

최면, 최면 상태 **hy**____

쓰기 획, 뇌졸중, 쓰다듬다 **st**____

adore [ədɔ́ːr]

hypnosis [hipnóusis]

stroke [strouk]

15. 다음 상황 설명을 듣고, Brian의 어머니가 Brian에게 할 말로 가장 적절한 것을 고르시오. [3점]

Brian's mother:

① **Make sure**[1] to call me whenever you **go somewhere new**[2].

② School trips are good **opportunities**[3] to make friends.

③ I believe traveling **broadens**[4] your **perspective**.

④ How about **carrying**[5] the **luggage** **on your own**[6]?

⑤ Why don't you **pack**[7] your bag **by yourself** for the trip?

*W: Brian is a high school student. He has only traveled with his family before. Until now his mother has always **taken care of**[8] his travel bag, so he doesn't have any **experience**[9] preparing it himself. This weekend, Brian **is supposed to**[10] **go on a school trip**[11] with his friends. He asks his mother to **get**[12] his stuff **ready** for his trip this time, too. However, she believes Brian is **old enough to**[13] **prepare what he needs**[14], and she thinks this time is a great opportunity for him to learn to be more **independent**[15]. So, she wants to tell Brian that he should get his things ready and put them in his bag without her help. In this situation, what would Brian's mother **most likely**[16] say to Brian?*

[16 ~ 17] 다음을 듣고, 물음에 답하시오.

16. 남자가 하는 말의 주제로 가장 적절한 것은?

① animals **used**[1] in delivering mail in history

② **difficulty**[2] of **training** animals from the wild

③ animals' **adaptation**[3] **to environmental changes**[4]

④ **endangered**[5] **animals** in different countries

⑤ **ways**[6] animals sent each other messages

17. 언급된 동물이 <u>아닌</u> 것은?

① horses　　② pigeons　　③ eagles

④ dogs　　⑤ camels

*M: How did people send mail before they **had access to** [7] cars and trains? There were **simple options** [8] **out there** [9], like delivery by animal. Horses were **frequently utilized** [10] in delivery of letters and messages. In the 19th **century** [11], a **mail express system** [12] that used horses **serviced** [13] a large area of the United States. Pigeons may* **be seen as** [14] *a problem by many people today. However, in **ancient Greece** [15], they **were used to mail** [16] people **the results of** [17] the Olympics between cities. Alaska and Canada **are known for** [18] their cold winters. In their early days, dogs were utilized to deliver mail because they've **adapted** [19] to run over ice and snow. Maybe the most **fascinating** [20] of all delivery animals is the camel. Australia **imported** [21] camels from **the Middle East** [22] and utilized them to **transfer** [23] mail across **vast deserts**. They **were ideally suited to** [24] this job because they can go without water **for quite a while** [25]. Fortunately, we've developed faster and more **reliable** [26] delivery systems, but we should not **ignore** [27] the important **roles** [28] these animals **played** in the past.*

이제 듣기 문제가 끝났습니다. 18번부터는 문제지의 지시에 따라 답을 하시기 바랍니다.

쫓다, 추구하다, 추적 **ch____**

불면증 **in____**

연주(공연, 기량) 목록 **rep____**

18. 다음 글의 목적으로 가장 적절한 것은?

Dear Mr. Kayne,

I am a **resident**[1] of Cansinghill Apartments, **located right next to**[2] the **newly opened**[3] Vuenna Dog Park. As I live with three dogs, I am very happy to **let**[4] my dogs **run around** and safely play with other dogs from the **neighborhood**[5]. However, the noise of **barking** and **yelling**[6] from the park at night is **so**[7] loud and **disturbing**[8] **that** I cannot relax in my apartment. Many of my apartment **neighbors**[9] also seriously **complain**[10] **about** this noise. I want **immediate action**[11] to solve this **urgent problem**[12]. Since you are the manager of Vuenna Dog Park, I ask you to **take measures**[13] to **prevent** the noise at night. I hope to hear from you soon.

Sincerely,

Monty Kim

① 애완견 예방 접종 일정을 확인하려고

② 애완견 공원의 야간 이용 시간을 문의하려고

③ 아파트 내 애완견 출입 금지 구역을 안내하려고

④ 아파트 인근에 개장한 애완견 공원을 홍보하려고

⑤ 애완견 공원의 야간 소음 방지 대책을 촉구하려고

chase [ʧeis]

insomnia [insάmniə]

repertoire [répərtwὰːr]

19. 다음 글에 드러난 Jonas의 심경 변화로 가장 적절한 것은?

Looking out the bus window, Jonas could not **stay calm**. He had been **looking forward to** this **field trip**. It was the first field trip for his **history course**. His **history professor** had **recommended** it to the class, and Jonas had **signed up** **enthusiastically**. He was **the first to board** the bus in the morning. The **landscape** looked **fascinating** as the bus **headed to** Alsace. Finally **arriving** in Alsace after three hours on the road, however, Jonas saw **nothing but endless agricultural fields**. The fields were vast, but **hardly appealed to** him. He had **expected to** see some old **castles** and historical **monuments**, but now he **saw** nothing like that **awaiting** him. "What can I learn from these boring fields?" Jonas **said to himself with a sigh**.

① excited → **disappointed**
② **indifferent** → **thrilled**
③ **amazed** → **horrified**
④ surprised → **relieved**
⑤ worried → **confident**

파괴하다, 고통을 주다 **dev____**

필수적인 전제 조건 **prec____**

중력 **gr____**

devastate [dévəstèit]

20. 다음 글에서 필자가 주장하는 바로 가장 적절한 것은?

Probably the biggest **roadblock to** play for adults is **the worry that** they will look **silly**, **improper**, or **dumb** if they **allow** themselves **to** truly **play**. Or they think that **it** is **irresponsible**, **immature**, and **childish** **to give** **themselves** regularly **over to** play. **Nonsense** and **silliness come naturally to** kids, but they **get pounded out** by **norms** that **look down on** "frivolity." This is **particularly true for** people who have **been valued for performance standards set by** parents or the **educational system**, or **measured by** other **cultural norms** that **are internalized** and **no longer questioned**. If someone has **spent** his adult life **worried about** always **appearing respectable**, **competent**, and **knowledgeable**, **it** can be hard **to let go** sometimes and become **physically** and **emotionally** free. **The thing is this**: You have to **give yourself permission to improvise**, to **mimic**, to **take on** a **long-hidden identity**.

* frivolity: 경박함 ** improvise: 즉흥적으로 하다

① 어른도 규범에 얽매이지 말고 자유롭게 놀이를 즐겨야 한다.

② 아동에게 사회 규범을 내면화할 수 있는 놀이를 제공해야 한다.

③ 개인의 창의성을 극대화할 수 있는 놀이 문화를 조성해야 한다.

④ 타인의 시선을 의식하지 않고 자신의 목표 달성에 매진해야 한다.

⑤ 어른을 위한 잠재력 계발 프로그램에서 놀이의 비중을 늘려야 한다.

precondition [priːkəndíʃən]

gravity [grǽvəti]

21. 밑줄 친 playing intellectual air guitar가 다음 글에서 의미하는 바로 가장 적절한 것은? [3점]

Any learning environment that **deals with** only the **database instincts** or only the **improvisatory instincts ignores one half** of our ability. It **is bound to** fail. **It makes me think of** jazz guitarists: They're not going to **make it** if they know a lot about **music theory** but don't know how to **jam** in a live concert. Some schools and **workplaces emphasize** a **stable**, **rote-learned database**. They **ignore** the **improvisatory instincts drilled into** us for millions of years. **Creativity suffers**. Others emphasize **creative usage** of a database, without **installing a fund of** knowledge **in the first place**. They ignore our need **to obtain** a **deep understanding** of a subject**, which** includes **memorizing** and **storing** a **richly structured** database. You get people who are **great improvisers** but don't have **depth** of knowledge. You may know someone like this **where** you work. They may look like jazz musicians and have the **appearance** of jamming, but **in the end** they know nothing. They're playing **intellectual** air guitar.

* rote-learned: 기계적으로 암기한

① **acquiring** necessary experience to **enhance** their creativity
② **exhibiting** artistic talent **coupled with solid knowledge** of music
③ **posing as** experts by **demonstrating** their **in-depth** knowledge
④ performing **musical pieces** to **attract** a **highly educated audience**
⑤ **displaying** seemingly creative ability **not rooted** in **firm knowledge**

가득 채우다, 막히게 하다 **j**____

열의, 보온의 **the**____

진공의, 진공 **va**____

22. 다음 글의 요지로 가장 적절한 것은?

In retrospect[1], **it**[2] might seem surprising **that** something **as mundane as**[3] the **desire** to **count sheep** was the **driving force**[4] for an **advance** as **fundamental** as **written language**. But **the desire for written records**[5] has always **accompanied economic activity**[6], since **transactions** are **meaningless**[7] unless you can clearly **keep track of who owns what**[8]. **As such**[9], early human writing is **dominated** by **wheeling and dealing**[10]**:**[11] **a collection of**[12] **bets**[13], **bills**[14], and **contracts**[15]. **Long before** we had the **writings** of the **prophets**[16], we had the writings of the **profits**[17]. **In fact**[18], many **civilizations** never **got to the stage** of **recording** and **leaving behind**[19] **the kinds of**[20] great **literary works** that we often **associate with** **the history of culture**[21]. **What survives**[22] these **ancient societies** is, **for the most part**, **a pile of receipts**[23]. **If it weren't for**[24] the **commercial enterprises** that **produced** those records[25], we would know **far, far less**[26] about **the cultures that they came from**[27].

* mundane: 세속의 ** prophet: 예언자

① 고대 사회에서 경제 활동은 문자 기록의 원동력이었다.

② 고전 문학을 통해 당대의 경제 활동을 파악할 수 있다.

③ 경제 발전의 정도가 문명의 발달 수준을 결정한다.

④ 종교의 역사는 상업의 역사보다 먼저 시작되었다.

⑤ 모든 문명이 위대한 작가를 배출한 것은 아니다.

jam [dʒæm]

thermal [θə́:rməl]

vacuum [vǽkju:m]

23. 다음 글의 주제로 가장 적절한 것은?

Human beings do not **enter the world** as **competent moral agents**. **Nor does** everyone **leave** the world **in that state**. But **somewhere in between**, most people **acquire a bit of decency** that **qualifies** them **for** membership in the community of **moral agents**. **Genes**, **development**, and learning all **contribute to** the **process** of becoming a **decent** human being. **The interaction** between **nature** and **nurture** is, however, **highly complex**, and **developmental biologists** are **only just** beginning to **grasp** just how complex **it** is. Without the **context provided** by **cells**, **organisms**, social groups, and culture, DNA is inert. **Anyone** who says that people are "**genetically programmed**" **to be moral** **has** an **oversimplified view** of how genes work. Genes and environment **interact in ways that make it nonsensical to think** that **the process of moral development** in children, or any other **developmental process**, can be discussed **in terms of nature versus nurture**. Developmental biologists now know that **it** is really **both**, or **nature *through* nurture**. A **complete scientific explanation** of **moral evolution** and **development** in the **human species** is **a very long way off**.

* decency: 예의 ** inert: 비활성의

① evolution of **human morality** from a **cultural perspective**

② **difficulties in** studying the **evolutionary process** of **genes**

③ **increasing necessity of** educating children **as moral agents**

④ nature versus nurture **controversies** in developmental biology

⑤ **complicated gene-environment interplay** in moral development

너무나 행복해 하다 **rej____**

중요한 구성요소 **b____ block**

위성, 인공위성 **sa____**

24. 다음 글의 제목으로 가장 적절한 것은?

Invasions of natural communities by non-indigenous species are currently rated as one of the most important global-scale environmental problems. The loss of biodiversity has generated concern over the consequences for ecosystem functioning and thus understanding the relationship between both has become a major focus in ecological research during the last two decades. The "biodiversity-invasibility hypothesis" by Elton suggests that high diversity increases the competitive environment of communities and makes them more difficult to invade. Numerous biodiversity experiments have been conducted since Elton's time and several mechanisms have been proposed to explain the often observed negative relationship between diversity and invasibility. Beside the decreased chance of empty ecological niches but the increased probability of competitors that prevent invasion success, diverse communities are assumed to use resources more completely and, therefore, limit the ability of invaders to establish. Further, more diverse communities are believed to be more stable because they use a broader range of niches than species-poor communities.

* indigenous: 토착의 ** niche: 생태적 지위

① Carve Out More Empty Ecological Spaces!

② Guardian of Ecology: Diversity Resists Invasion

③ Grasp All, Lose All: Necessity of Species-poor Ecology

④ Challenges in Testing Biodiversity-Invasibility Hypothesis

⑤ Diversity Dilemma: The More Competitive, the Less Secure

25. 다음 도표의 내용과 일치하지 <u>않는</u> 것은?

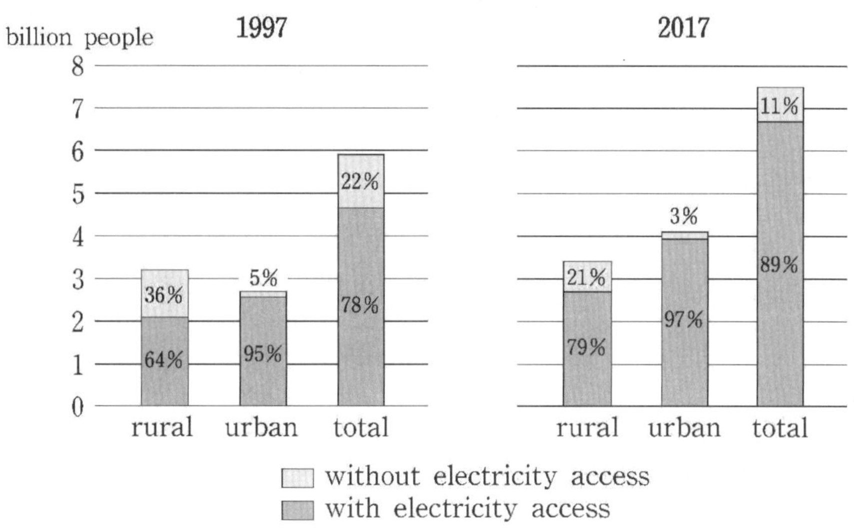

The above graph shows the world population **access to electricity** in 1997 and in 2017. ① **The percentage** of the total world population with electricity access in 2017 was 11 percentage points higher than **that** in 1997. ② Both in 1997 and in 2017, less than 80% of the **rural population** had access to electricity while over 90% of the **urban population** had access to electricity. ③ In 1997, 36% of the rural population did not have electricity access while 5% of the urban population did not have access to electricity. ④ The percentage of the rural population without electricity access in 2017 was 20 percentage points lower than that in 1997. ⑤ The percentage of the urban population without electricity access decreased from 5% in 1997 to 3% in 2017.

붓다, 불어나다, 증가하다 **sw**____

교육 과정 **cu**____

빙하 **gl**____

26. The Nuer에 관한 다음 글의 내용과 일치하지 <u>않는</u> 것은?

The Nuer are one of the largest **ethnic groups** in South Sudan, **primarily residing in** the Nile River Valley. The Nuer are a **cattle-raising** people**, whose** everyday lives **revolve around** their cattle. They have **various terms related to cattle**, so they can **distinguish** between hundreds of types of cows, **based on color**, **markings**, and **shape of horns**. They **prefer to be called by the names of the cattle** they raise. The **commonest daily foods** for the Nuer are **dairy products**, especially milk for **the young** and **soured** milk, like yogurt, for adults. And wild **fruits** and **nuts** are **favorite snacks** for the Nuer. The Nuer also have a culture of **counting** only older members of the family. They **believe** that counting **the number of children** one has could **result in misfortune** and **prefer to report fewer children** than they have.

① 주로 Nile River Valley에 거주한다.

② 소와 관련된 다양한 용어를 가지고 있다.

③ 자신들이 기르는 소의 이름으로 불리는 것을 선호한다.

④ 가장 일반적인 일상 음식은 유제품이다.

⑤ 어린 자녀의 수를 세는 것이 행운을 가져온다고 믿는다.

swell [swél] - swelled - swollen

curriculum [kəríkjuləm]

glacier [gléiʃər]

27. Green Tea Packaging Design Competition에 관한 다음 안내문의 내용과 일치하지 <u>않는</u> 것은?

Green Tea Packaging Design[1] Competition

Take the opportunity to design[2] the packaging box for **brand-new green tea**[3] **products** of TIIS Tea in the competition!

Deadline[4]: December 2, 2019, 6:00 p.m.

Participants[5]: Lokota **County**[6] residents only

Details[7]

- Our company name "TIIS Tea" should appear on the design.
- The **competition theme**[8] is "**Go Green**[9] with Green Tea."
- **Entries**[10] (**JPG format**[11] only) should be **submitted**[12] by email to designmanager@tiistea.com.

Evaluation[13] **Criteria**[14]

- **Functionality**[15] · Creativity · **Eco-friendliness**[16]

Awards[17]

- 1st place: $1,000 ·2nd place: $500 ·3rd place: $250

(The **first-place winner's signature**[18] will be printed on the packaging box.)

Please visit www.tiistea.com to learn more about the competition.

① 신제품 녹차를 위한 포장 상자 디자인 대회이다.

② Lokota County 주민들만 참가할 수 있다.

③ 출품작은 직접 방문하여 제출해야 한다.

④ 평가 기준에 창의성이 포함된다.

⑤ 1등 수상자의 서명이 포장 상자에 인쇄될 것이다.

새롭게 고치다 **ren____**

정식과목 이외로 하는 **ext____**

포유류 **ma____**

renovate [rénəvèit]

extracurricular [èkstrəkəríkjulər]

mammal [mǽməl]

28. 2019 Badminton Challenge for Charity에 관한 다음 안내문의 내용과 일치하는 것은?

2019 **Badminton Challenge**[1] for **Charity**[2]

Join the **charity tournament event**[3] **hosted**[4] by Cliffield Community Center! This event **supports**[5] Salke Children's Hospital.

When & Where

· Saturday, November 23, 2:00 p.m.

· Cliffield Sports Center

How to **Join**[6] the Tournament

· **Make a two-member team**[7].

· Pay your team's $100 **entry fee**[8] as a donation.

Activities

· **Challenge**[9] last year's champion team **to** a 3-point match.

· With an **additional**[10] $20 donation, you can learn badminton skills from **professional**[11] **players**.

※ **Rackets** and **shuttlecocks**[12] will be provided. Click here to **register**[13] now!

① Salke Children's Hospital이 주최한다.

② 3명이 한 팀을 구성해서 참가해야 한다.

③ 참가비는 한 사람당 100달러이다.

④ 20달러 추가 기부 시 배드민턴 기술을 배울 수 있다.

⑤ 라켓과 셔틀콕은 제공되지 않는다.

29. 다음 글의 밑줄 친 부분 중, 어법상 <u>틀린</u> 것은?

Speculations about the **meaning** and **purpose** of **prehistoric art** ① <u>**rely**</u> heavily **on** **analogies drawn** with **modern-day hunter-gatherer societies**. Such **primitive societies**, ② <u>**as**</u> Steven Mithen emphasizes in The **Prehistory of the Modern Mind**, **tend to view** man and **beast**, animal and plant, **organic** and **inorganic spheres**, **as** participants in an **integrated**, **animated totality**. The **dual expressions** of this **tendency** are **anthropomorphism** (the **practice** of **regarding** animals **as** humans) and **totemism** (the **practice** of **regarding** humans **as** animals), **both of** ③ <u>**which**</u> **spread** through the **visual art** and the **mythology** of **primitive cultures**. Thus the natural world is **conceptualized in terms of human social relations**. **When considered in this light**, the visual **preoccupation** of early humans **with** the **nonhuman creatures** ④ <u>**inhabited**</u> their world becomes **profoundly meaningful**. Among hunter-gatherers, animals are **not only** good to eat, they are **also** good to think about, **as** Claude Lévi-Strauss **has observed**. **In the practice of** totemism, he has suggested, an **unlettered humanity** "**broods upon** ⑤ <u>**itself**</u> and its **place in nature**."

* speculation: 고찰 ** analogy: 유사점 *** brood: 곰곰이 생각하다

붙어넣다, 고취시키다 inf____

광물, (영양소) 미네랄 mi____

파충류 re____

30. 다음 글의 밑줄 친 부분 중, 문맥상 낱말의 쓰임이 적절하지 <u>않은</u> 것은? [3점]

Suppose we know that Paula **suffers from a severe phobia**. If we **reason that** Paula is afraid **either of** snakes **or** spiders, and then ① <u>**establish**</u> **that** she is not afraid of snakes, we will **conclude that** Paula is afraid of spiders. However, our **conclusion** is **reasonable only if** Paula's fear really **does concern** either snakes or spiders. **If we know only that** Paula has a phobia, then **the fact that** she's not afraid of snakes is **entirely** ② <u>**consistent**</u> **with her being afraid** of **heights**, water, dogs or the number thirteen. **More generally**, when we **are presented with** a list of **alternative explanations** for some **phenomenon**, and **are** then **persuaded that all but** one of those explanations are ③ <u>**unsatisfactory**</u>, we should **pause** to **reflect**. Before ④ <u>**denying**</u> **that** the **remaining explanation** is the **correct one**, **consider whether** other **plausible options** are being **ignored** or **overlooked**. The **fallacy** of false choice **misleads** when we're **insufficiently attentive to** an **important hidden assumption, that** the choices which have **been made explicit exhaust** the ⑤ <u>**sensible**</u> **alternatives**.

* plausible: 그럴듯한 ** fallacy: 오류

infuse [infjúːz]

mineral [mínərəl]

reptile [réptàil]

[31 ~ 34] 다음 빈칸에 들어갈 말로 가장 적절한 것을 고르시오.

31. The **role of science** can sometimes be **overstated**, **with** its **advocates slipping into scientism**. Scientism is **the view that** the **scientific description** of **reality** is the only truth **there is**. **With the advance of** science, there has been a **tendency to slip into** scientism, and **assume** that any **factual claim** can be **authenticated if and only if** the **term** **'scientific'** can correctly **be ascribed to** it. The **consequence is that** **non-scientific approaches** to reality — and that can include all the arts, **religion**, and **personal**, **emotional** and **value-laden** ways of **encountering** the world — may **become labelled as merely subjective**, and therefore of little _______________ **in terms of** describing **the way the world is**. The **philosophy** of science **seeks to avoid crude scientism** and get **a balanced view on** what the **scientific method** can and cannot **achieve**.

* ascribe: 속하는 것으로 생각하다 ** crude: 투박한

① question ② **account** ③ controversy
④ **variation** ⑤ **bias**

매듭, 매듭을 짓다 **k**____

실제 환자에 대한 치료의 **cl**____

은하, 대단한 인물들 **ga**____

32. The Swiss **psychologist** Jean Piaget frequently **analyzed** children's **conception** of time **via** their ability to **compare** or **estimate** the time taken by **pairs of events**. In a **typical experiment**, two toy cars **were shown running synchronously** on **parallel** tracks, ______________________________. The children **were** then **asked to judge whether** the cars had run **for the same time** and **to justify** their **judgment**. **Preschoolers** and young **school-age children** confuse **temporal** and **spatial dimensions**: **Starting times are** judged by **starting points**, stopping times by stopping points and **durations** by **distance**, though each of these **errors** does not **necessitate** the others. **Hence**, a child may **claim that** the cars started and **stopped running** together (**correct**) **and that** the car which **stopped further ahead**, **ran for more time** (incorrect).

* synchronously: 같은 시간에

① **one running** faster and **stopping further** down the track

② **both stopping** at the same point **further than expected**

③ **one keeping the same speed** as the other **to the end**

④ **both alternating** their speed but **arriving at the same end**

⑤ **both slowing** their speed and **reaching the identical spot**

knot [nɑːt]

clinical [klínikəl]

galaxy [gǽləksi]

33. The future of our **high-tech goods** [1] may **lie** [2] **not in** [3] the **limitations** [4] of our minds, **but in** ________________________. In **previous eras**, **such as** [5] the **Iron Age** and the **Bronze Age**, the **discovery** [6] of **new elements** **brought forth** [7] **seemingly unending** [8] **numbers** of **new inventions**. Now the **combinations** [9] may truly be **unending**. We are now **witnessing** [10] a **fundamental shift** in our **resource demands**. **At no point** [11] in human history **have** we **used** more elements, in more **combinations** [12], and in increasingly **refined** amounts. Our **ingenuity** [13] will soon **outpace** our **material supplies**. This situation **comes at a defining** [14] **moment when** [15] the world is **struggling to reduce** [16] its **reliance on** fossil fuels. Fortunately, **rare metals** [17] are **key ingredients** in **green technologies** such as **electric cars**, **wind** [18] **turbines**, and **solar panels**. They help to **convert** [19] **free natural resources** [20] like the sun and wind **into** the power that **fuels** [21] our lives. But **without increasing** [22] today's **limited supplies**, **we have no chance of** [23] developing the **alternative green technologies** [24] we need **to slow** [25] **climate change** [26]. [3점]

* ingenuity: 창의력

① our ability to **secure** [27] the **ingredients** to produce them
② our effort to make them **as eco-friendly as possible** [28]
③ the wider **distribution** [29] of **innovative technologies**
④ **governmental** [30] **policies** not to limit **resource supplies**
⑤ the **constant update** [31] and **improvement** of their **functions**

딴 곳으로 돌리다 **div____**

치료, 치유 **the____**

부동산 **real e____**

divert [divə́ːrt]

therapy [θérəpi]

real estate [ríːəl istéit]

34. There have been many **attempts to define** what music is **in terms of** the **specific attributes** of musical sounds. The famous nineteenth-century **critic** Eduard Hanslick **regarded** 'the **measurable tone**' **as** 'the **primary** and **essential** condition of all music'. Musical **sounds**, he was saying, can **be distinguished from those** of nature by **the fact that** they **involve** the use of **fixed pitches**, **whereas virtually** all **natural sounds** consist of **constantly fluctuating frequencies**. And **a number of** twentieth-century writers have **assumed**, like Hanslick, **that fixed pitches** are among the **defining features** of music. Now **it is true that** in most of the world's **musical cultures**, pitches are ____________________________________. However, this is a **generalization** about **music** and not a definition of **it**, **for** it is easy to **put forward counter-examples**. Japanese shakuhachi music and the sanjo music of Korea, **for instance**, **fluctuate constantly** around the **notional pitches in terms of which** the music **is organized**. [3점]

① **not so much** artificially fixed **as** naturally fluctuating

② **not only** fixed**, but** organized into **a series of discrete steps**

③ **hardly considered** a **primary compositional element** of music

④ **highly diverse** and **complicated**, and thus are **immeasurable**

⑤ a **vehicle** for **carrying** unique and various **cultural features**

35. 다음 글에서 전체 흐름과 관계 없는 문장은?

Although **commonsense knowledge** may have **merit**, it also has **weaknesses, not the least of which** is **that** it often **contradicts** itself. For example, we hear that people who are **similar** will like one another ("**Birds of a feather flock together**") but also that persons who are **dissimilar** will like each other ("**Opposites attract**"). ① We **are told that** groups are **wiser** and **smarter** than **individuals** ("**Two heads are better than one**") but also **that** group work **inevitably** produces **poor results** ("**Too many cooks spoil the broth**"). ② Each of these **contradictory statements** may **hold true under particular conditions**, but without a **clear statement of when** they **apply** and **when** they **do not**, aphorisms **provide** little **insight into** relations among people. ③ **That is why** we **heavily depend on** aphorisms whenever we **face difficulties** and **challenges** in the **long journey** of our lives. ④ They provide **even less guidance** in **situations where** we must make decisions. ⑤ For example, **when facing** a choice that **entails risk**, which **guideline** should we use — "**Nothing ventured, nothing gained**" or "**Better safe than sorry**"?

* aphorism: 격언, 경구(警句) ** entail: 수반하다

효율적으로 최적화하다 **op**____

치료의, 치유력이 있는 **the**____

자신보다 남을 생각하는 **se**____

[36 ~ 37] 주어진 글 다음에 이어질 글의 순서로 가장 적절한 것을 고르시오.

36.

Movies may **be said to support** the **dominant culture** and **to serve as** a **means** for its **reproduction over time**.

(A) The **bad guys** are usually **punished**; the **romantic couple** almost always **find each other despite** the **obstacles** and **difficulties** they **encounter on the path to** true love; and **the way we wish the world to be is how,** in the movies, **it** more often than not **winds up being**. **No doubt it** is this **utopian aspect** of movies **that accounts for** why we enjoy them so much.

(B) The simple answer to this question **is that** movies **do more than present** two-hour **civics lessons** or **editorials** on **responsible behavior**. They also tell stories **that**, in the end, **we find satisfying**.

(C) But one may ask why **audiences** would **find such movies enjoyable** if **all they do is give** cultural **directives** and **prescriptions** for **proper living**. Most of us would **likely grow tired of** such didactic movies and would probably **come to see** them **as propaganda**, **similar to** the cultural artwork that was **common** in the **Soviet Union** and other **autocratic** societies.

* didactic: 교훈적인 ** autocratic: 독재적인

① (A) - (C) - (B)
② (B) - (A) - (C)
③ (B) - (C) - (A)
④ (C) - (A) - (B)
⑤ (C) - (B) - (A)

37.

Traditionally, Kuhn claims, the **primary goal** of **historians of science** was 'to **clarify** and **deepen** **an understanding** of **contemporary scientific methods** or **concepts by displaying** their **evolution**'.

(A) Some discoveries seem to **entail** **numerous phases** and **discoverers, none of which** can **be identified as** definitive. Furthermore, **the evaluation** of **past discoveries** and discoverers **according to present-day standards does** not allow us to see how **significant** they **may have been** **in their own day**.

(B) This **entailed relating** the **progressive accumulation** of **breakthroughs** and **discoveries**. **Only that which survived** in some form **in the present** **was considered relevant**. In the mid-1950s, however, **a number of faults** in this view of history became **apparent**. **Closer analysis** of **scientific discoveries**, for instance, **led** historians **to ask** whether the dates of discoveries and their discoverers can **be identified precisely**.

(C) **Nor does** the traditional view **recognise** **the role that** **non-intellectual factors**, especially **institutional** and **socio-economic ones**, **play** in **scientific developments**. **Most importantly**, however, the traditional historian of science seems **blind to** the fact that the concepts, questions and standards **that they use to frame** the past **are themselves subject to** historical change. [3점]

① (A) - (C) - (B)
② (B) - (A) - (C)
③ (B) - (C) - (A)
④ (C) - (A) - (B)
⑤ (C) - (B) - (A)

주의(유의), 주의하다 **h**___

현미경 **mi**___

볼일(용건), 심부름 **er**___

[38 ~ 39] 글의 흐름으로 보아, 주어진 문장이 들어가기에 가장 적절한 곳을 고르시오.

38.

> Thus, individuals of many **resident species, confronted with** the **fitness benefits** of **control over** a **productive breeding site**, may **be forced to balance costs in the form of** lower **nonbreeding survivorship by remaining in** the **specific habitat** where **highest breeding success** occurs.

Resident-bird habitat selection is **seemingly** a **straightforward process in which** a young **dispersing individual** moves until it finds **a place where** it can **compete successfully** to **satisfy its needs**. (①) **Initially**, **these needs** include only **food** and **shelter**. (②) However, **eventually**, the young must **locate**, **identify**, and **settle in a habitat** that satisfies **not only** survivorship **but reproductive needs** as well. (③) **In some cases**, the **habitat** that provides **the best opportunity** for survival may not be **the same** habitat **as** the **one** that **provides for** highest **reproductive capacity** because of **requirements specific to** the **reproductive period**. (④) **Migrants**, however, **are free to** choose the **optimal habitat for survival** during the **nonbreeding season** and for **reproduction** during the **breeding season**. (⑤) Thus, **habitat selection** during these different periods **can be quite different** for migrants **as opposed to** residents, even among **closely related species**.

* disperse: 흩어지다 ** optimal: 최적의

heed [hi:d]

microscope [máikrəskòup]

errand [érənd]

39.

> **Still**, **it is arguable that** **advertisers** **worry** rather **too much about** this problem, **as** **advertising** in other **media** has always been **fragmented**.

The fragmentation of **television audiences** during **recent decades**, which has happened **throughout the globe** **as** **new channels** have been **launched** everywhere, **has caused** advertisers **much concern**. (①) Advertisers **look back nostalgically to** the years when a **single spot transmission** would **be seen by** the majority of the population **at one fell swoop**. (②) This **made** the **television advertising** of **mass consumer products** **relatively straightforward** — **not to say** easy — **whereas** today **it** is necessary **for** advertisers **to build up** coverage of their target markets **over time**, **by advertising** on **a host of** channels with **separate audiences**. (③) **Moreover**, advertisers **gain considerable benefits** from the **price competition** between the **numerous broadcasting stations**. (④) And television **remains** much the fastest way to **build up public awareness** of a **new brand** or a **new campaign**. (⑤) **Seldom does** a new brand or new campaign that **solely** uses other media, without using television, **reach** **high levels** of **public awareness** very quickly. [3점]

* fragment: 조각내다 ** at one fell swoop: 단번에, 일거에

잘게 쪼개다, 조각(파편) **sh**____

인과 관계, 인과성 **ca**____

(수학) 분수, 일부, 파편 **fr**____

40. 다음 글의 내용을 한 문장으로 요약하고자 한다. 빈칸 (A), (B)에 들어갈 말로 가장 적절한 것은?

Because elephant groups **break up** and **reunite** very frequently — for instance, **in response to variation** in **food availability** — **reunions** are more important in **elephant society** than among **primates**. And the species has **evolved elaborate greeting behaviors, the form of which reflects** the **strength** of the **social bond** between the individuals (**much like** how you **might** merely **shake hands with** a **long-standing acquaintance** but **hug** a **close friend** you have not seen **in a while**, and maybe even **tear up**). Elephants may greet each other **simply by reaching** their **trunks** into each other's mouths, **possibly equivalent to** a human **peck** on the **cheek**. However, **after long absences**, **members** of **family** and **bond groups** greet one another with incredibly **theatrical displays**. **The fact** that the **intensity** reflects the **duration** of **the separation as well as** the level of **intimacy suggests** that elephants have a **sense of time** as well. **To human eyes**, these greetings **strike a familiar chord**. I'**m reminded of** the **joyous reunions so visible** in the **arrivals area** of an **international airport terminal**.

* acquaintance: 지인 ** peck: 가벼운 입맞춤

↓

The **evolved greeting behaviors** of elephants can **serve as an indicator** of how much they are socially ______(A)______ and how long they have been ______(B)______.

	(A)		(B)
①	**competitive**	......	**disconnected**
②	**tied**	......	endangered
③	responsible	......	**isolated**
④	competitive	......	**united**
⑤	tied	......	**parted**

shred [ʃred]

causality [kɔzǽliti]

fraction [frǽkʃən]

[41 ~ 42] 다음 글을 읽고, 물음에 답하시오.

For quite some time, **science educators** believed that **"hands-on" activities** were the **answer to** children's understanding **through** their **participation in** **science-related activities**. Many teachers believed that **students** merely **engaging in** activities and (a) **manipulating** objects would **organize** the **information to be gained** and the **knowledge to be understood** **into** **concept comprehension**. Educators began to **notice** that the **pendulum had swung too far to** the "hands-on" **component** of **inquiry** **as** they realized that the knowledge was **not** (b) **inherent in** the **materials themselves**, **but in** the **thought** and **metacognition** about **what students had done** in the activity. We now know that "hands-on" is a dangerous **phrase** when speaking about learning science. The (c) **missing ingredient** is the "**minds-on**" part of the **instructional** experience. (d) **Uncertainty** about the knowledge **intended** in any activity **comes from** each student's **re-creation of concepts** — and discussing, thinking, **arguing**, listening, and **evaluating** one's own **preconceptions** after the activities, **under the leadership** of a **thoughtful teacher**, **can bring** this **about**. **After all**, a **food fight** is a hands-on activity, but **about all you would learn** was something about the **aerodynamics** of **flying mashed potatoes**! **Our view** of what students need to **build** their **knowledge** and **theories** about the **natural world** (e) **extends far beyond** a "hands-on activity." **While** it is important for students to **use** and **interact with** **materials** in science class, the learning **comes from** the **sense-making** of students' "hands-on" experiences.

* pendulum: 추(錘) ** metacognition: 초(超)인지 *** aerodynamics: 공기 역학

41. 윗글의 제목으로 가장 적절한 것은?

① "Hands-on" Activities as a **Source of Creativity**

② **Activity-oriented Learning** Enters Science Education!

③ **Figure Out** What Students Like Most in Science Class

④ Joy and Learning: **More Effective When Separated**

⑤ **Turn** "Minds-on" Learning **On** in Science Class

42. 밑줄 친 (a) ~ (e) 중에서 문맥상 낱말의 쓰임이 적절하지 않은 것은? [3점]

① (a) ② (b) ③ (c) ④ (d) ⑤ (e)

돌보다, 생각을 품다, 간호사 **n**____

광적인 일시적 유행 **f**____

식욕, 욕구(갈망) **ap**____

nurse [nəːrs]

fad [fæd] = craze [kreiz]

appetite [ǽpətàit]

[43 ~ 45] 다음 글을 읽고, 물음에 답하시오.

(A)

The colors of the trees **looked like**[1] they were **on**[2] **fire, the reds and oranges competing**[3] with the yellows and golds. This was Nina's favorite season, but she **remained silent**[4] for hours while Marie was driving. Nina had been **heartbroken**[5] after **losing** her **championship belt**. Now a **former champion,**[6] **she**[7] was thinking of **retiring from boxing**[8]. **Marie, her long-time friend and trainer**[9], **shared her pain**[10]. After another **silent hour**[11], Marie and Nina saw a sign: Sauble Falls. Marie thought this would be a **good place for (a) them to stop**[12].

(B)

Then, **with a great push**[13], a small one **turned** a **complete circle**[14] and **made it over the falls**[15]. "He made it!" Nina **shouted at** the **success**[16] with **admiration**[17]. More **salmon**[18] then **followed** and **succeeded**. She **felt ashamed to**[19] be looking at (b) them. After a moment, she **turned to**[20] Marie and said, "**Giving up**[21] **is not in my vocabulary**[22]. Marie, I'll **get** my championship belt **back**[23]." Marie **nodded**[24] with a bright smile. "Our training begins tomorrow. It's going to be **tough**[25]. Are you ready?" **Walking**[26] up the path and back to the car, (c) they could still **hear** the fish **splashing**[27] in the water.

* splash: 물을 튀기다

(C)

Marie **pulled over**[28] into the **parking lot**[29]. Marie and Nina **went down a path**[30] to watch the falls. Another sign: **Watch Your Step**[31]. **Rocks Are Slippery**[32]. (d) They **found** the falls **spilling out**[33] in **various layers of rock**[34]. No one was there **except**[35] them. "Look at them!" Marie **pointed to movement**[36] in the water **moving**[37] toward the falls. Hundreds of **fish tails**[38] were **flashing** and **catching light** from the sun, **moving**[39] **upstream**[40]. **Beneath**[41] them in the water, they **saw**[42] salmon slowly **moving** their bodies.

(D)

While Marie and Nina **kept watching** [43] the salmon, a big one suddenly **leapt** [44]. It **threw itself up** [45] and **over the rushing water above**, but **in vain** [46]. (e) <u>They</u> were **standing without a word** [47] and **watching** [48] the fish **struggling**. Another jumped, **its body spinning** [49] **until** [50] it **made it over the falls**. Another one leapt and **was washed back** [51] by the power of the water. **Watching** [52] the salmon, Marie **noticed** [53] Nina **fixing her eyes on** their **continuing challenge** [54]. Nina's **heart was beating fast** [55] at each **leap** and **twist**.

43. 주어진 글 (A)에 이어질 내용을 순서에 맞게 배열한 것으로 가장 적절한 것은?

① (B) - (D) - (C)
② (C) - (B) - (D)
③ (C) - (D) - (B)
④ (D) - (B) - (C)
⑤ (D) - (C) - (B)

44. 밑줄 친 (a) ~ (e) 중에서 가리키는 대상이 나머지 넷과 <u>다른</u> 것은?

① (a) ② (b) ③ (c) ④ (d) ⑤ (e)

45. 윗글에 관한 내용으로 적절하지 <u>않은</u> 것은?

① Marie가 운전하는 동안 Nina는 말이 없었다.
② Marie는 Nina의 오랜 친구이자 트레이너였다.
③ 폭포에서 Nina는 Marie에게 권투를 그만두겠다고 말했다.
④ 폭포에 있는 사람은 Marie와 Nina뿐이었다.
⑤ Nina는 폭포 위로 뛰어오르는 연어를 유심히 바라보았다.

통치하다, 지배하다 **re**____

선의, 직선의, 1차원적인 **li**____

최고위의, 최고의 **sup**____

reign [rein]

linear [líniər]

supreme [səprí:m]

2020학년도 대학수학능력시험

영어영역(홀수형) 문제지

2020학년도 대학수학능력시험
영어영역(홀수형) 문제지

1번부터 17번까지는 듣고 답하는 문제입니다. 1번부터 15번까지는 한 번만 들려주고, 16번부터 17번까지는 두 번 들려줍니다. 방송을 잘 듣고 답을 하시기 바랍니다.

1. 대화를 듣고, 남자의 마지막 말에 대한 여자의 응답으로 가장 적절한 것을 고르시오.

① Okay. I'll send the address to your phone.

② Yes. I'll have your dress cleaned by noon.

③ Of course. I'll open the shop tomorrow.

④ No. I'm not moving to a new place.

⑤ Too late. I'm already back at home.

2. 대화를 듣고, 여자의 마지막 말에 대한 남자의 응답으로 가장 적절한 것을 고르시오.

① Unbelievable. I'm really going to be on stage today.

② Absolutely. I'm so eager to see him sing in person.

③ Not really. He wasn't as amazing as I expected.

④ Sure. I'll find someone else to perform instead.

⑤ Oh, no. You shouldn't have missed his performance.

3. 다음을 듣고, 남자가 하는 말의 목적으로 가장 적절한 것을 고르시오.

① 백화점 주말 특별 행사를 안내하려고

② 백화점 층별 신규 매장을 소개하려고

③ 주차장 이용 요금 변경을 공지하려고

④ 고객 만족도 조사 참여를 요청하려고

⑤ 백화점 회원 가입 방법을 설명하려고

4. 대화를 듣고, 여자의 의견으로 가장 적절한 것을 고르시오.

① 왼쪽 신체의 잦은 사용은 두뇌 활동을 촉진한다.

② 수면 시간과 심장 기능은 밀접한 관련이 있다.

③ 왼쪽으로 누워 자는 것은 건강에 도움이 된다.

④ 규칙적인 운동은 소화 불량 개선에 필수적이다.

⑤ 숙면은 정신 건강을 유지하는 데 중요한 요인이다.

5. 대화를 듣고, 두 사람의 관계를 가장 잘 나타낸 것을 고르시오.

① 곤충학자 - 학생

② 동물 조련사 - 사진작가

③ 농부 - 잡지기자

④ 요리사 - 음식 평론가

⑤ 독자 - 소설가

6. 대화를 듣고, 그림에서 대화의 내용과 일치하지 <u>않는</u> 것을 고르시오.

7. 대화를 듣고, 여자가 할 일로 가장 적절한 것을 고르시오.

① 간식 가져오기
② 책 기부하기
③ 점심 준비하기
④ 설거지하기
⑤ 세탁실 청소하기

8. 대화를 듣고, 남자가 요리 대회 참가를 포기한 이유를 고르시오.

① 다친 팔이 낫지 않아서
② 조리법을 완성하지 못해서
③ 다른 대회와 일정이 겹쳐서
④ 입학시험 공부를 해야 해서
⑤ 대회 전에 유학을 떠나야 해서

intercept [intərsépt]

interval [íntərvəl]

costume [kástjuːm]

9. 대화를 듣고, 여자가 지불할 금액을 고르시오. [3점]

① $72 ② $74 ③ $76 ④ $78 ⑤ $80

선박, 운송(배송)하다 s____

10. 대화를 듣고, Ten Year Class Reunion Party에 관해 언급되지 않은 것을 고르시오.

① 장소 ② 날짜 ③ 회비

④ 음식 ⑤ 기념품

11. Green Ocean 영화 시사회에 관한 다음 내용을 듣고, 일치하지 않는 것을 고르시오.

(약) 복용량, 경험의 양 do____

① 100명을 초대할 예정이다.

② 다음 주 토요일 오후 4시에 시작할 것이다.

③ 영화 출연 배우와 사진을 찍을 수 있다.

④ 입장권을 우편으로 보낼 예정이다.

⑤ 초대받은 사람은 극장에서 포스터를 받을 것이다.

12. 다음 표를 보면서 대화를 듣고, 두 사람이 예약할 항공편을 고르시오.

운하, 수로 ca____

Flight Schedule to New York City Area

	Flight	Ticket Price	Departure Time	Arrival Airport	Stops
①	A	$600	6:00 a.m.	JFK	1 stop
②	B	$625	10:00 a.m.	Newark	Nonstop
③	C	$700	11:30 a.m.	JFK	1 stop
④	D	$785	2:30 p.m.	JFK	Nonstop
⑤	E	$810	6:30 p.m.	Newark	1 stop

13. 대화를 듣고, 여자의 마지막 말에 대한 남자의 응답으로 가장 적절한 것을 고르시오.

Man:

① It's worthwhile to spend money on my suit.

② It would be awesome to borrow your brother's.

③ Your brother will have a fun time at the festival.

④ I'm looking forward to seeing you in a new suit.

⑤ You're going to build a great reputation as an MC.

ship [ʃip]

14. 대화를 듣고, 남자의 마지막 말에 대한 여자의 응답으로 가장 적절한 것을 고르시오. [3점]

Woman:

① Definitely! This book isn't as interesting as yours.

② Terrific! I'll check right away if there are any nearby.

③ Never mind. I won't take that course next semester.

④ Really? I didn't know you have a degree in philosophy.

⑤ Why not? You can join my philosophy discussion group.

dose [dous]

15. 다음 상황 설명을 듣고, Brian의 어머니가 Brian에게 할 말로 가장 적절한 것을 고르시오. [3점]

Brian's mother:

① Make sure to call me whenever you go somewhere new.

② School trips are good opportunities to make friends.

③ I believe traveling broadens your perspective.

④ How about carrying the luggage on your own?

⑤ Why don't you pack your bag by yourself for the trip?

canal [kənǽl]

[16 ~ 17] 다음을 듣고, 물음에 답하시오.

16. 남자가 하는 말의 주제로 가장 적절한 것은?

① animals used in delivering mail in history
② difficulty of training animals from the wild
③ animals' adaptation to environmental changes
④ endangered animals in different countries
⑤ ways animals sent each other messages

17. 언급된 동물이 <u>아닌</u> 것은?

① horses ② pigeons ③ eagles
④ dogs ⑤ camels

이제 듣기 문제가 끝났습니다. 18번부터는 문제지의 지시에 따라 답을 하시기 바랍니다.

잔소리하다/누더기 **n___ / r___**

체조 **gy___**

운송 화물, 운송(배송) **sh___**

18. 다음 글의 목적으로 가장 적절한 것은?

Dear Mr. Kayne,

I am a resident of Cansinghill Apartments, located right next to the newly opened Vuenna Dog Park. As I live with three dogs, I am very happy to let my dogs run around and safely play with other dogs from the neighborhood. However, the noise of barking and yelling from the park at night is so loud and disturbing that I cannot relax in my apartment. Many of my apartment neighbors also seriously complain about this noise. I want immediate action to solve this urgent problem. Since you are the manager of Vuenna Dog Park, I ask you to take measures to prevent the noise at night. I hope to hear from you soon.

Sincerely,

Monty Kim

① 애완견 예방 접종 일정을 확인하려고

② 애완견 공원의 야간 이용 시간을 문의하려고

③ 아파트 내 애완견 출입 금지 구역을 안내하려고

④ 아파트 인근에 개장한 애완견 공원을 홍보하려고

⑤ 애완견 공원의 야간 소음 방지 대책을 촉구하려고

nag [næg] / **rag** [ræg]

gymnastics [dʒimnæstiks]

shipment [ʃipmənt]

19. 다음 글에 드러난 Jonas의 심경 변화로 가장 적절한 것은?

Looking out the bus window, Jonas could not stay calm. He had been looking forward to this field trip. It was the first field trip for his history course. His history professor had recommended it to the class, and Jonas had signed up enthusiastically. He was the first to board the bus in the morning. The landscape looked fascinating as the bus headed to Alsace. Finally arriving in Alsace after three hours on the road, however, Jonas saw nothing but endless agricultural fields. The fields were vast, but hardly appealed to him. He had expected to see some old castles and historical monuments, but now he saw nothing like that awaiting him. "What can I learn from these boring fields?" Jonas said to himself with a sigh.

① excited → disappointed
② indifferent → thrilled
③ amazed → horrified
④ surprised → relieved
⑤ worried → confident

매다 / 고르다 **fa___ / unf___**

온도 **te___**

요리법, 요리(음식) **cu___**

20. 다음 글에서 필자가 주장하는 바로 가장 적절한 것은?

Probably the biggest roadblock to play for adults is the worry that they will look silly, improper, or dumb if they allow themselves to truly play. Or they think that it is irresponsible, immature, and childish to give themselves regularly over to play. Nonsense and silliness come naturally to kids, but they get pounded out by norms that look down on "frivolity." This is particularly true for people who have been valued for performance standards set by parents or the educational system, or measured by other cultural norms that are internalized and no longer questioned. If someone has spent his adult life worried about always appearing respectable, competent, and knowledgeable, it can be hard to let go sometimes and become physically and emotionally free. The thing is this: You have to give yourself permission to improvise, to mimic, to take on a long-hidden identity.

* frivolity: 경박함 ** improvise: 즉흥적으로 하다

① 어른도 규범에 얽매이지 말고 자유롭게 놀이를 즐겨야 한다.
② 아동에게 사회 규범을 내면화할 수 있는 놀이를 제공해야 한다.
③ 개인의 창의성을 극대화할 수 있는 놀이 문화를 조성해야 한다.
④ 타인의 시선을 의식하지 않고 자신의 목표 달성에 매진해야 한다.
⑤ 어른을 위한 잠재력 계발 프로그램에서 놀이의 비중을 늘려야 한다.

fasten [fǽsn] / unfasten

temperature [témpərətʃər]

cuisine [kwizí:n]

21. 밑줄 친 <u>playing intellectual air guitar</u>가 다음 글에서 의미하는 바로 가장 적절한 것은? [3점]

Any learning environment that deals with only the database instincts or only the improvisatory instincts ignores one half of our ability. It is bound to fail. It makes me think of jazz guitarists: They're not going to make it if they know a lot about music theory but don't know how to jam in a live concert. Some schools and workplaces emphasize a stable, rote-learned database. They ignore the improvisatory instincts drilled into us for millions of years. Creativity suffers. Others emphasize creative usage of a database, without installing a fund of knowledge in the first place. They ignore our need to obtain a deep understanding of a subject, which includes memorizing and storing a richly structured database. You get people who are great improvisers but don't have depth of knowledge. You may know someone like this where you work. They may look like jazz musicians and have the appearance of jamming, but in the end they know nothing. They're <u>playing intellectual air guitar</u>.

* rote-learned: 기계적으로 암기한

① acquiring necessary experience to enhance their creativity
② exhibiting artistic talent coupled with solid knowledge of music
③ posing as experts by demonstrating their in-depth knowledge
④ performing musical pieces to attract a highly educated audience
⑤ displaying seemingly creative ability not rooted in firm knowledge

깨끗이 정화하다 pu____

0에서 9까지 아라비아 숫자 di____

상징적으로 널리 알려진 ic____

22. 다음 글의 요지로 가장 적절한 것은?

In retrospect, it might seem surprising that something as mundane as the desire to count sheep was the driving force for an advance as fundamental as written language. But the desire for written records has always accompanied economic activity, since transactions are meaningless unless you can clearly keep track of who owns what. As such, early human writing is dominated by wheeling and dealing: a collection of bets, bills, and contracts. Long before we had the writings of the prophets, we had the writings of the profits. In fact, many civilizations never got to the stage of recording and leaving behind the kinds of great literary works that we often associate with the history of culture. What survives these ancient societies is, for the most part, a pile of receipts. If it weren't for the commercial enterprises that produced those records, we would know far, far less about the cultures that they came from.

* mundane: 세속의 ** prophet: 예언자

① 고대 사회에서 경제 활동은 문자 기록의 원동력이었다.
② 고전 문학을 통해 당대의 경제 활동을 파악할 수 있다.
③ 경제 발전의 정도가 문명의 발달 수준을 결정한다.
④ 종교의 역사는 상업의 역사보다 먼저 시작되었다.
⑤ 모든 문명이 위대한 작가를 배출한 것은 아니다.

purify [pjúərəfài]

digit [dídʒit]

iconic [aikánik]

23. 다음 글의 주제로 가장 적절한 것은?

Human beings do not enter the world as competent moral agents. Nor does everyone leave the world in that state. But somewhere in between, most people acquire a bit of decency that qualifies them for membership in the community of moral agents. Genes, development, and learning all contribute to the process of becoming a decent human being. The interaction between nature and nurture is, however, highly complex, and developmental biologists are only just beginning to grasp just how complex it is. Without the context provided by cells, organisms, social groups, and culture, DNA is inert. Anyone who says that people are "genetically programmed" to be moral has an oversimplified view of how genes work. Genes and environment interact in ways that make it nonsensical to think that the process of moral development in children, or any other developmental process, can be discussed in terms of nature *versus* nurture. Developmental biologists now know that it is really both, or nature *through* nurture. A complete scientific explanation of moral evolution and development in the human species is a very long way off.

* decency: 예의 ** inert: 비활성의

① evolution of human morality from a cultural perspective
② difficulties in studying the evolutionary process of genes
③ increasing necessity of educating children as moral agents
④ nature versus nurture controversies in developmental biology
⑤ complicated gene-environment interplay in moral development

정당화하다, 보장하다 **war___**

위험 신호, 경고 표시 **red f___**

중고(품)의, 간접적인 **se___**

warrant [wɔ́:rənt]

red flag

secondhand [sékəndhǽnd]

24. 다음 글의 제목으로 가장 적절한 것은?

Invasions of natural communities by non-indigenous species are currently rated as one of the most important global-scale environmental problems. The loss of biodiversity has generated concern over the consequences for ecosystem functioning and thus understanding the relationship between both has become a major focus in ecological research during the last two decades. The "biodiversity-invasibility hypothesis" by Elton suggests that high diversity increases the competitive environment of communities and makes them more difficult to invade. Numerous biodiversity experiments have been conducted since Elton's time and several mechanisms have been proposed to explain the often observed negative relationship between diversity and invasibility. Beside the decreased chance of empty ecological niches but the increased probability of competitors that prevent invasion success, diverse communities are assumed to use resources more completely and, therefore, limit the ability of invaders to establish. Further, more diverse communities are believed to be more stable because they use a broader range of niches than species-poor communities.

* indigenous: 토착의 ** niche: 생태적 지위

① Carve Out More Empty Ecological Spaces!

② Guardian of Ecology: Diversity Resists Invasion

③ Grasp All, Lose All: Necessity of Species-poor Ecology

④ Challenges in Testing Biodiversity-Invasibility Hypothesis

⑤ Diversity Dilemma: The More Competitive, the Less Secure

25. 다음 도표의 내용과 일치하지 <u>않는</u> 것은?

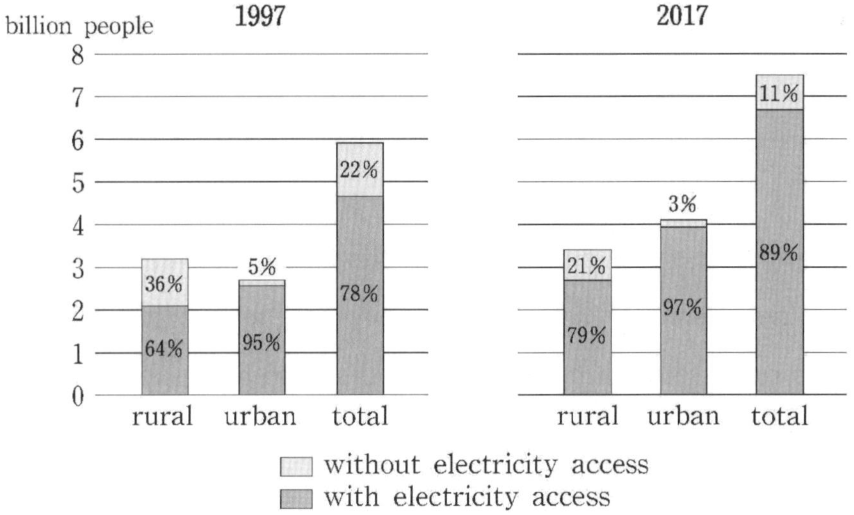

The above graph shows the world population access to electricity in 1997 and in 2017. ① The percentage of the total world population with electricity access in 2017 was 11 percentage points higher than that in 1997. ② Both in 1997 and in 2017, less than 80% of the rural population had access to electricity while over 90% of the urban population had access to electricity. ③ In 1997, 36% of the rural population did not have electricity access while 5% of the urban population did not have access to electricity. ④ The percentage of the rural population without electricity access in 2017 was 20 percentage points lower than that in 1997. ⑤ The percentage of the urban population without electricity access decreased from 5% in 1997 to 3% in 2017.

옆모습, 대략 묘사하다 pro____

소위, 이른바 so-c____

강력한, 엄청난 mig____

26. The Nuer에 관한 다음 글의 내용과 일치하지 않는 것은?

The Nuer are one of the largest ethnic groups in South Sudan, primarily residing in the Nile River Valley. The Nuer are a cattle-raising people, whose everyday lives revolve around their cattle. They have various terms related to cattle, so they can distinguish between hundreds of types of cows, based on color, markings, and shape of horns. They prefer to be called by the names of the cattle they raise. The commonest daily foods for the Nuer are dairy products, especially milk for the young and soured milk, like yogurt, for adults. And wild fruits and nuts are favorite snacks for the Nuer. The Nuer also have a culture of counting only older members of the family. They believe that counting the number of children one has could result in misfortune and prefer to report fewer children than they have.

① 주로 Nile River Valley에 거주한다.
② 소와 관련된 다양한 용어를 가지고 있다.
③ 자신들이 기르는 소의 이름으로 불리는 것을 선호한다.
④ 가장 일반적인 일상 음식은 유제품이다.
⑤ 어린 자녀의 수를 세는 것이 행운을 가져온다고 믿는다.

profile [próufail]

so-called

mighty [máiti]

27. Green Tea Packaging Design Competition에 관한 다음 안내문의 내용과 일치하지 않는 것은?

Green Tea Packaging Design Competition

Take the opportunity to design the packaging box for brand-new green tea products of TIIS Tea in the competition!

Deadline: December 2, 2019, 6:00 p.m.

Participants: Lokota County residents only

Details

- Our company name "TIIS Tea" should appear on the design.
- The competition theme is "Go Green with Green Tea."
- Entries (JPG format only) should be submitted by email to designmanager@tiistea.com.

Evaluation Criteria

- Functionality · Creativity · Eco-friendliness

Awards

- 1st place: $1,000 ·2nd place: $500 ·3rd place: $250

  (The first-place winner's signature will be printed on the packaging box.)

Please visit www.tiistea.com to learn more about the competition.

① 신제품 녹차를 위한 포장 상자 디자인 대회이다.

② Lokota County 주민들만 참가할 수 있다.

③ 출품작은 직접 방문하여 제출해야 한다.

④ 평가 기준에 창의성이 포함된다.

⑤ 1등 수상자의 서명이 포장 상자에 인쇄될 것이다.

열망하다 / 하품하다 y___ / y___

복도 ha___

A 때문에 o___ to A

28. 2019 Badminton Challenge for Charity에 관한 다음 안내문의 내용과 일치하는 것은?

2019 Badminton Challenge for Charity

Join the charity tournament event hosted by Cliffield Community Center! This event supports Salke Children's Hospital.

When & Where

· Saturday, November 23, 2:00 p.m.

· Cliffield Sports Center

How to Join the Tournament

· Make a two-member team.

· Pay your team's $100 entry fee as a donation.

Activities

· Challenge last year's champion team to a 3-point match.

· With an additional $20 donation, you can learn badminton skills from professional players.

※ Rackets and shuttlecocks will be provided. Click here to register now!

① Salke Children's Hospital이 주최한다.

② 3명이 한 팀을 구성해서 참가해야 한다.

③ 참가비는 한 사람당 100달러이다.

④ 20달러 추가 기부 시 배드민턴 기술을 배울 수 있다.

⑤ 라켓과 셔틀콕은 제공되지 않는다.

yearn [jəːrn] / yawn [jɔːn]

hallway [hɔ́ːlwèi] = corridor

owing to A

29. 다음 글의 밑줄 친 부분 중, 어법상 틀린 것은?

Speculations about the meaning and purpose of prehistoric art ① rely heavily on analogies drawn with modern-day hunter-gatherer societies. Such primitive societies, ② as Steven Mithen emphasizes in The Prehistory of the Modern Mind, tend to view man and beast, animal and plant, organic and inorganic spheres, as participants in an integrated, animated totality. The dual expressions of this tendency are anthropomorphism (the practice of regarding animals as humans) and totemism (the practice of regarding humans as animals), both of ③ which spread through the visual art and the mythology of primitive cultures. Thus the natural world is conceptualized in terms of human social relations. When considered in this light, the visual preoccupation of early humans with the nonhuman creatures ④ inhabited their world becomes profoundly meaningful. Among hunter-gatherers, animals are not only good to eat, they are also good to think about, as Claude Lévi-Strauss has observed. In the practice of totemism, he has suggested, an unlettered humanity "broods upon ⑤ itself and its place in nature."

* speculation: 고찰 ** analogy: 유사점 *** brood: 곰곰이 생각하다

해체(분해)하다 **dism___**

기록(자료) 보관소 **arc___**

마찬가지로 똑같이, 또한 **li___**

30. 다음 글의 밑줄 친 부분 중, 문맥상 낱말의 쓰임이 적절하지 <u>않은</u> 것은? [3점]

Suppose we know that Paula suffers from a severe phobia. If we reason that Paula is afraid either of snakes or spiders, and then ① <u>establish</u> that she is not afraid of snakes, we will conclude that Paula is afraid of spiders. However, our conclusion is reasonable only if Paula's fear really does concern either snakes or spiders. If we know only that Paula has a phobia, then the fact that she's not afraid of snakes is entirely ② <u>consistent</u> with her being afraid of heights, water, dogs or the number thirteen. More generally, when we are presented with a list of alternative explanations for some phenomenon, and are then persuaded that all but one of those explanations are ③ <u>unsatisfactory</u>, we should pause to reflect. Before ④ <u>denying</u> that the remaining explanation is the correct one, consider whether other plausible options are being ignored or overlooked. The fallacy of false choice misleads when we're insufficiently attentive to an important hidden assumption, that the choices which have been made explicit exhaust the ⑤ <u>sensible</u> alternatives.

* plausible: 그럴듯한 ** fallacy: 오류

dismantle [dismǽntl]

archive [ά:kaiv]

likewise [láikwàiz]

[31 ~ 34] 다음 빈칸에 들어갈 말로 가장 적절한 것을 고르시오.

31. The role of science can sometimes be overstated, with its advocates slipping into scientism. Scientism is the view that the scientific description of reality is the only truth there is. With the advance of science, there has been a tendency to slip into scientism, and assume that any factual claim can be authenticated if and only if the term 'scientific' can correctly be ascribed to it. The consequence is that non-scientific approaches to reality — and that can include all the arts, religion, and personal, emotional and value-laden ways of encountering the world — may become labelled as merely subjective, and therefore of little ________________ in terms of describing the way the world is. The philosophy of science seeks to avoid crude scientism and get a balanced view on what the scientific method can and cannot achieve.

* ascribe: 속하는 것으로 생각하다 ** crude: 투박한

① question ② account ③ controversy
④ variation ⑤ bias

경매로 팔다, 경매 au____

생명체 구성 조직, 티슈 ti____

그렇지 않으면, 다르게 ot____

32. The Swiss psychologist Jean Piaget frequently analyzed children's conception of time via their ability to compare or estimate the time taken by pairs of events. In a typical experiment, two toy cars were shown running synchronously on parallel tracks, ______________________________. The children were then asked to judge whether the cars had run for the same time and to justify their judgment. Preschoolers and young school-age children confuse temporal and spatial dimensions: Starting times are judged by starting points, stopping times by stopping points and durations by distance, though each of these errors does not necessitate the others. Hence, a child may claim that the cars started and stopped running together (correct) and that the car which stopped further ahead, ran for more time (incorrect).

* synchronously: 같은 시간에

① one running faster and stopping further down the track

② both stopping at the same point further than expected

③ one keeping the same speed as the other to the end

④ both alternating their speed but arriving at the same end

⑤ both slowing their speed and reaching the identical spot

auction [drǽstik]

tissue [tíʃuː]

otherwise [ʌ́ðərwàiz]

33. The future of our high-tech goods may lie not in the limitations of our minds, but in ______________________________. In previous eras, such as the Iron Age and the Bronze Age, the discovery of new elements brought forth seemingly unending numbers of new inventions. Now the combinations may truly be unending. We are now witnessing a fundamental shift in our resource demands. At no point in human history have we used more elements, in more combinations, and in increasingly refined amounts. Our ingenuity will soon outpace our material supplies. This situation comes at a defining moment when the world is struggling to reduce its reliance on fossil fuels. Fortunately, rare metals are key ingredients in green technologies such as electric cars, wind turbines, and solar panels. They help to convert free natural resources like the sun and wind into the power that fuels our lives. But without increasing today's limited supplies, we have no chance of developing the alternative green technologies we need to slow climate change. [3점]

* ingenuity: 창의력

① our ability to secure the ingredients to produce them
② our effort to make them as eco-friendly as possible
③ the wider distribution of innovative technologies
④ governmental policies not to limit resource supplies
⑤ the constant update and improvement of their functions

진동하다, 떨리다 **vi**____

수은, 온도계 수은주 **me**____

제국/심판, 주심 **e**____ / **u**____

34. There have been many attempts to define what music is in terms of the specific attributes of musical sounds. The famous nineteenth-century critic Eduard Hanslick regarded 'the measurable tone' as 'the primary and essential condition of all music'. Musical sounds, he was saying, can be distinguished from those of nature by the fact that they involve the use of fixed pitches, whereas virtually all natural sounds consist of constantly fluctuating frequencies. And a number of twentieth-century writers have assumed, like Hanslick, that fixed pitches are among the defining features of music. Now it is true that in most of the world's musical cultures, pitches are ______________________________. However, this is a generalization about music and not a definition of it, for it is easy to put forward counter-examples. Japanese shakuhachi music and the sanjo music of Korea, for instance, fluctuate constantly around the notional pitches in terms of which the music is organized. [3점]

① not so much artificially fixed as naturally fluctuating
② not only fixed, but organized into a series of discrete steps
③ hardly considered a primary compositional element of music
④ highly diverse and complicated, and thus are immeasurable
⑤ a vehicle for carrying unique and various cultural features

vibrate [váibreit]

mercury [mə́ːrkjəri]

empire [émpaiər] / umpire [ʌ́mpaiər]

35. 다음 글에서 전체 흐름과 관계 <u>없는</u> 문장은?

Although commonsense knowledge may have merit, it also has weaknesses, not the least of which is that it often contradicts itself. For example, we hear that people who are similar will like one another ("Birds of a feather flock together") but also that persons who are dissimilar will like each other ("Opposites attract"). ① We are told that groups are wiser and smarter than individuals ("Two heads are better than one") but also that group work inevitably produces poor results ("Too many cooks spoil the broth"). ② Each of these contradictory statements may hold true under particular conditions, but without a clear statement of when they apply and when they do not, aphorisms provide little insight into relations among people. ③ That is why we heavily depend on aphorisms whenever we face difficulties and challenges in the long journey of our lives. ④ They provide even less guidance in situations where we must make decisions. ⑤ For example, when facing a choice that entails risk, which guideline should we use — "Nothing ventured, nothing gained" or "Better safe than sorry"?

* aphorism: 격언, 경구(警句) ** entail: 수반하다

올리다, 사기를 높이다 **upl___**

핵의, 핵무기의 **nu___**

울퉁불퉁한, 험난한 **bu___**

uplift [ʌplíft]

nuclear [nú:kliər]

bumpy [bʌ́mpi]

[36 ~ 37] 주어진 글 다음에 이어질 글의 순서로 가장 적절한 것을 고르시오.

36.

Movies may be said to support the dominant culture and to serve as a means for its reproduction over time.

(A) The bad guys are usually punished; the romantic couple almost always find each other despite the obstacles and difficulties they encounter on the path to true love; and the way we wish the world to be is how, in the movies, it more often than not winds up being. No doubt it is this utopian aspect of movies that accounts for why we enjoy them so much.

(B) The simple answer to this question is that movies do more than present two-hour civics lessons or editorials on responsible behavior. They also tell stories that, in the end, we find satisfying.

(C) But one may ask why audiences would find such movies enjoyable if all they do is give cultural directives and prescriptions for proper living. Most of us would likely grow tired of such didactic movies and would probably come to see them as propaganda, similar to the cultural artwork that was common in the Soviet Union and other autocratic societies.

* didactic: 교훈적인 ** autocratic: 독재적인

① (A) - (C) - (B)
② (B) - (A) - (C)
③ (B) - (C) - (A)
④ (C) - (A) - (B)
⑤ (C) - (B) - (A)

37.

Traditionally, Kuhn claims, the primary goal of historians of science was 'to clarify and deepen an understanding of contemporary scientific methods or concepts by displaying their evolution'.

(A) Some discoveries seem to entail numerous phases and discoverers, none of which can be identified as definitive. Furthermore, the evaluation of past discoveries and discoverers according to present-day standards does not allow us to see how significant they may have been in their own day.

(B) This entailed relating the progressive accumulation of breakthroughs and discoveries. Only that which survived in some form in the present was considered relevant. In the mid-1950s, however, a number of faults in this view of history became apparent. Closer analysis of scientific discoveries, for instance, led historians to ask whether the dates of discoveries and their discoverers can be identified precisely.

(C) Nor does the traditional view recognise the role that non-intellectual factors, especially institutional and socio-economic ones, play in scientific developments. Most importantly, however, the traditional historian of science seems blind to the fact that the concepts, questions and standards that they use to frame the past are themselves subject to historical change. [3점]

① (A) - (C) - (B)
② (B) - (A) - (C)
③ (B) - (C) - (A)
④ (C) - (A) - (B)
⑤ (C) - (B) - (A)

폭격하다 / 폭탄 **b___ / b___**

신념(믿음), 신앙 **fa___**

발생 그 현장에서 **on the s___**

[38 ~ 39] 글의 흐름으로 보아, 주어진 문장이 들어가기에 가장 적절한 곳을 고르시오.

38.

Thus, individuals of many resident species, confronted with the fitness benefits of control over a productive breeding site, may be forced to balance costs in the form of lower nonbreeding survivorship by remaining in the specific habitat where highest breeding success occurs.

Resident-bird habitat selection is seemingly a straightforward process in which a young dispersing individual moves until it finds a place where it can compete successfully to satisfy its needs. (①) Initially, these needs include only food and shelter. (②) However, eventually, the young must locate, identify, and settle in a habitat that satisfies not only survivorship but reproductive needs as well. (③) In some cases, the habitat that provides the best opportunity for survival may not be the same habitat as the one that provides for highest reproductive capacity because of requirements specific to the reproductive period. (④) Migrants, however, are free to choose the optimal habitat for survival during the nonbreeding season and for reproduction during the breeding season. (⑤) Thus, habitat selection during these different periods can be quite different for migrants as opposed to residents, even among closely related species.

* disperse: 흩어지다 ** optimal: 최적의

39.

Still, it is arguable that advertisers worry rather too much about this problem, as advertising in other media has always been fragmented.

The fragmentation of television audiences during recent decades, which has happened throughout the globe as new channels have been launched everywhere, has caused advertisers much concern. (①) Advertisers look back nostalgically to the years when a single spot transmission would be seen by the majority of the population at one fell swoop. (②) This made the television advertising of mass consumer products relatively straightforward — not to say easy — whereas today it is necessary for advertisers to build up coverage of their target markets over time, by advertising on a host of channels with separate audiences. (③) Moreover, advertisers gain considerable benefits from the price competition between the numerous broadcasting stations. (④) And television remains much the fastest way to build up public awareness of a new brand or a new campaign. (⑤) Seldom does a new brand or new campaign that solely uses other media, without using television, reach high levels of public awareness very quickly. [3점]

* fragment: 조각내다 ** at one fell swoop: 단번에, 일거에

그대로 옮겨(받아) 적다 tra____

습관적인, 상습적인 ha____

약속(예약), 임명(지명) ap____

40. 다음 글의 내용을 한 문장으로 요약하고자 한다. 빈칸 (A), (B)에 들어갈 말로 가장 적절한 것은?

Because elephant groups break up and reunite very frequently — for instance, in response to variation in food availability — reunions are more important in elephant society than among primates. And the species has evolved elaborate greeting behaviors, the form of which reflects the strength of the social bond between the individuals (much like how you might merely shake hands with a long-standing acquaintance but hug a close friend you have not seen in a while, and maybe even tear up). Elephants may greet each other simply by reaching their trunks into each other's mouths, possibly equivalent to a human peck on the cheek. However, after long absences, members of family and bond groups greet one another with incredibly theatrical displays. The fact that the intensity reflects the duration of the separation as well as the level of intimacy suggests that elephants have a sense of time as well. To human eyes, these greetings strike a familiar chord. I'm reminded of the joyous reunions so visible in the arrivals area of an international airport terminal.

* acquaintance: 지인 ** peck: 가벼운 입맞춤

↓

The evolved greeting behaviors of elephants can serve as an indicator of how much they are socially ____(A)____ and how long they have been ____(B)____.

	(A)		(B)
①	competitive	......	disconnected
②	tied	......	endangered
③	responsible	......	isolated
④	competitive	......	united
⑤	tied	......	parted

transcribe [trænskráib]

habitual [həbítʃuəl]

appointment [əpɔ́intmənt]

[41 ~ 42] 다음 글을 읽고, 물음에 답하시오.

For quite some time, science educators believed that "hands-on" activities were the answer to children's understanding through their participation in science-related activities. Many teachers believed that students merely engaging in activities and (a) <u>manipulating</u> objects would organize the information to be gained and the knowledge to be understood into concept comprehension. Educators began to notice that the pendulum had swung too far to the "hands-on" component of inquiry as they realized that the knowledge was not (b) <u>inherent</u> in the materials themselves, but in the thought and metacognition about what students had done in the activity. We now know that "hands-on" is a dangerous phrase when speaking about learning science. The (c) <u>missing</u> ingredient is the "minds-on" part of the instructional experience. (d) <u>Uncertainty</u> about the knowledge intended in any activity comes from each student's re-creation of concepts — and discussing, thinking, arguing, listening, and evaluating one's own preconceptions after the activities, under the leadership of a thoughtful teacher, can bring this about. After all, a food fight is a hands-on activity, but about all you would learn was something about the aerodynamics of flying mashed potatoes! Our view of what students need to build their knowledge and theories about the natural world (e) <u>extends</u> far beyond a "hands-on activity." While it is important for students to use and interact with materials in science class, the learning comes from the sense-making of students' "hands-on" experiences.

* pendulum: 추(錘) ** metacognition: 초(超)인지 *** aerodynamics: 공기 역학

41. 윗글의 제목으로 가장 적절한 것은?

① "Hands-on" Activities as a Source of Creativity

② Activity-oriented Learning Enters Science Education!

③ Figure Out What Students Like Most in Science Class

④ Joy and Learning: More Effective When Separated

⑤ Turn "Minds-on" Learning On in Science Class

42. 밑줄 친 (a) ~ (e) 중에서 문맥상 낱말의 쓰임이 적절하지 <u>않은</u> 것은? [3점]

① (a) ② (b) ③ (c) ④ (d) ⑤ (e)

다발·송이·무리(로 엮다) b___

꽃가루 p___

목소리의, 의견이 솔직한 vo___

[43 ~ 45] 다음 글을 읽고, 물음에 답하시오.

(A)

The colors of the trees looked like they were on fire, the reds and oranges competing with the yellows and golds. This was Nina's favorite season, but she remained silent for hours while Marie was driving. Nina had been heartbroken after losing her championship belt. Now a former champion, she was thinking of retiring from boxing. Marie, her long-time friend and trainer, shared her pain. After another silent hour, Marie and Nina saw a sign: Sauble Falls. Marie thought this would be a good place for (a) them to stop.

(B)

Then, with a great push, a small one turned a complete circle and made it over the falls. "He made it!" Nina shouted at the success with admiration. More salmon then followed and succeeded. She felt ashamed to be looking at (b) them. After a moment, she turned to Marie and said, "Giving up is not in my vocabulary. Marie, I'll get my championship belt back." Marie nodded with a bright smile. "Our training begins tomorrow. It's going to be tough. Are you ready?" Walking up the path and back to the car, (c) they could still hear the fish splashing in the water.

* splash: 물을 튀기다

(C)

Marie pulled over into the parking lot. Marie and Nina went down a path to watch the falls. Another sign: Watch Your Step. Rocks Are Slippery. (d) They found the falls spilling out in various layers of rock. No one was there except them. "Look at them!" Marie pointed to movement in the water moving toward the falls. Hundreds of fish tails were flashing and catching light from the sun, moving upstream. Beneath them in the water, they saw salmon slowly moving their bodies.

bunch [bʌntʃ] = cluster [klʌ́stər]

pollen [pɑ́ːlən]

vocal [vóukəl]

(D)

While Marie and Nina kept watching the salmon, a big one suddenly leapt. It threw itself up and over the rushing water above, but in vain. (e) <u>They</u> were standing without a word and watching the fish struggling. Another jumped, its body spinning until it made it over the falls. Another one leapt and was washed back by the power of the water. Watching the salmon, Marie noticed Nina fixing her eyes on their continuing challenge. Nina's heart was beating fast at each leap and twist.

43. 주어진 글 (A)에 이어질 내용을 순서에 맞게 배열한 것으로 가장 적절한 것은?

① (B) - (D) - (C)　② (C) - (B) - (D)
③ (C) - (D) - (B)　④ (D) - (B) - (C)
⑤ (D) - (C) - (B)

44. 밑줄 친 (a)~(e) 중에서 가리키는 대상이 나머지 넷과 <u>다른</u> 것은?

① (a)　② (b)　③ (c)　④ (d)　⑤ (e)

45. 윗글에 관한 내용으로 적절하지 <u>않은</u> 것은?

① Marie가 운전하는 동안 Nina는 말이 없었다.
② Marie는 Nina의 오랜 친구이자 트레이너였다.
③ 폭포에서 Nina는 Marie에게 권투를 그만두겠다고 말했다.
④ 폭포에 있는 사람은 Marie와 Nina뿐이었다.
⑤ Nina는 폭포 위로 뛰어오르는 연어를 유심히 바라보았다.

발효시키다, 발효되다 fe____

사회변화 운동, 움직임 mo____

증오심, 적대감 ha____

ferment [fərmént]

movement [mú:vmənt]

hatred [héitrəd] = **hate**

2020학년도 대학수학능력시험

영어영역(홀수형) 정답표

2020학년도 수능 영어영역(홀수형) 정답표

문항 번호	정답	배점	문항 번호	정답	배점
1	①	2	24	②	2
2	②	2	25	④	2
3	①	2	26	⑤	2
4	③	2	27	③	2
5	③	2	28	④	2
6	④	2	29	④	2
7	④	2	30	④	3
8	⑤	2	31	②	2
9	②	3	32	①	2
10	③	2	33	①	3
11	④	2	34	②	3
12	④	2	35	③	2
13	②	2	36	⑤	2
14	②	3	37	②	3
15	⑤	3	38	④	2
16	①	2	39	③	3
17	③	2	40	⑤	2
18	⑤	2	41	⑤	2
19	①	2	42	④	3
20	①	2	43	③	2
21	⑤	3	44	②	2
22	①	2	45	③	2
23	⑤	2			

TED로 수능을 공부하다니! 지금 제정신이야?

수능 기출문제와 모의고사와 EBS 연계 교재를 꾸준히 공부하는 것이 수능의 고득점을 향한 가장 빠른 지름길이라는 데 이견은 없을 것입니다. 하지만, 누군가 "그래도 수능에 정말 도움이 되는 방법을 딱 하나만 더 말해 달라"고 간청하면, TED-Ed를 강력히 추천해 주고 싶습니다.

TED는 세계 최고 수준의 전문가들의 강연 및 교육용 강의 프로그램입니다. TED 홈페이지(http://www.ted.com)에 접속하면 의학, 공학, 인문, 예술, 탐험 등 셀 수 없이 많은 분야에서 다양한 지식과 정보를 접할 수 있습니다. TED 프로그램 중 수능영어에 가장 적합한 것은 바로 TED-Ed입니다. TED-Ed는 5분 안팎의 길이로, 특정한 주제를 효과적으로 보여주는 애니메이션 등 다채로운 비주얼 요소들과 함께 구성돼 있는 것이 특징입니다.

무엇보다도, TED-Ed가 다루는 주제들의 상당수가 수능영어의 단골 테마와 관련된 경우가 많다는 점이 큰 매력입니다. 경제, 정치, 철학, 심리, 교육, 역사 등 심도 있게 파고들 만한 주제가 정말 많습니다. TED-Ed에서 쓰이는 어휘들 중 어려운 어휘들의 수준은, 수능 고난도 어휘를 100으로 봤을 때 대략 110 정도입니다. 따라서, 한 단계만 더 높여 수능 관련 주제를 공부하고자 한다면, 바로 TED-Ed가 그 목적에 딱 맞는 학습 도구가 될 수 있습니다.

TED는 모든 영상을 자막과 함께 볼 수 있을 뿐만 아니라, 해당 영상의 전체 자막을 복사해 독해 자료로 쓸 수 있는 것도 장점입니다. 독서에 할애할 수 있는 시간을 확보하기가 현실적으로 힘든 상황에서, TED-Ed로 다양한 주제의 독해에 도전하고, 듣기를 병행해 리듬을 타며 글을 읽는 연습을 함께 시도하면, 수능 공부에 신선한 변화를 주는 일석이조의 효과를 거둘 수 있습니다.

주변에서는 "TED라니! 제정신이야?"라며 의아해할 수 있을 겁니다. 그것이 진짜 수능 공부의 비책이 될 수도 있다는 사실을 모른 채 말이죠. 일주일에 단 20분만 시간을 내서 TED-Ed에 접속해 보세요. 마음을 열면 새로운 영어의 세계가 보일 겁니다. 수능 영어의 길이 더 크게 열릴 수도 있습니다. / 저자

저자 ▌ 김준

여러 외국어를 지나치게 사랑하고, 영어 강연 TED에 지나치게 빠져 있고, 진짜 영어를 가르치는 데 지나치게 몰두해 있는 사람

현) 교육 아이템 및 교재 개발 전문 TOOBLO 대표 / 현) 영어 전문 L어학원 원장

현) 영어-일어-중국어 3개 외국어 관광통역사(3개 외국어 능통)

전) 조선일보 기자